海上絲綢之路基本文獻叢書

皇明馭倭録（三）

〔明〕王士騏 纂

文物出版社

圖書在版編目（CIP）數據

皇明馭倭録. 三 / （明）王士騏纂. -- 北京 : 文物出版社, 2022.7
（海上絲綢之路基本文獻叢書）
ISBN 978-7-5010-7700-7

Ⅰ. ①皇… Ⅱ. ①王… Ⅲ. ①抗倭鬥争－史料－中國－明代 Ⅳ. ①K248.205

中國版本圖書館CIP數據核字（2022）第086983號

海上絲綢之路基本文獻叢書

皇明馭倭録（三）

纂　　者：〔明〕王士騏
策　　劃：盛世博閱（北京）文化有限責任公司

封面設計：鞏榮彪
責任編輯：劉永海
責任印製：張　麗

出版發行：文物出版社
社　　址：北京市東城區東直門内北小街2號樓
郵　　編：100007
網　　址：http://www.wenwu.com
經　　銷：新華書店
印　　刷：北京旺都印務有限公司
開　　本：787mm×1092mm　1/16
印　　張：11.125
版　　次：2022年7月第1版
印　　次：2022年7月第1次印刷
書　　號：ISBN 978-7-5010-7700-7
定　　價：90.00圓

總緒

海上絲綢之路，一般意義上是指從秦漢至鴉片戰争前中國與世界進行政治、經濟、文化交流的海上通道，主要分爲經由黄海、東海的海路最終抵達日本列島及朝鮮半島的東海航綫和以徐聞、合浦、廣州、泉州爲起點通往東南亞及印度洋地區的南海航綫。

在中國古代文獻中，最早、最詳細記載『海上絲綢之路』航綫的是東漢班固的《漢書·地理志》，詳細記載了西漢黄門譯長率領應募者入海『齎黄金雜繒而往』之事，書中所出現的地理記載與東南亞地區相關，并與實際的地理狀况基本相符。

東漢後，中國進入魏晋南北朝長達三百多年的分裂割據時期，絲路上的交往也走向低谷。這一時期的絲路交往，以法顯的西行最爲著名。法顯作爲從陸路西行到印度，再由海路回國的第一人，根據親身經歷所寫的《佛國記》（又稱《法顯傳》）一書，詳細介紹了古代中亞和印度、巴基斯坦、斯里蘭卡等地的歷史及風土人情，是瞭解和研究海陸絲綢之路的珍貴歷史資料。

隨着隋唐的統一，中國經濟重心的南移，中國與西方交通以海路爲主，海上絲綢之路進入大發展時期。廣州成爲唐朝最大的海外貿易中心，朝廷設立市舶司，專門管理海外貿易。唐代著名的地理學家賈耽（七三〇～八〇五年）的《皇華四達記》記載了從廣州通往阿拉伯地區的海上交通『廣州通夷道』，詳述了從廣州港出發，經越南、馬來半島、蘇門答臘半島至印度、錫蘭，直至波斯灣沿岸各國的航綫及沿途地區的方位、名稱、島礁、山川、民俗等。譯經大師義净西行求法，將沿途見聞寫成著作《大唐西域求法高僧傳》，詳細記載了海上絲綢之路的發展變化，是我們瞭解絲綢之路不可多得的第一手資料。

宋代的造船技術和航海技術顯著提高，指南針廣泛應用於航海，中國商船的遠航能力大大提升。北宋徐兢的《宣和奉使高麗圖經》詳細記述了船舶製造、海洋地理和往來航綫，是研究宋代海外交通史、中朝友好關係史、中朝經濟文化交流史的重要文獻。南宋趙汝適《諸蕃志》記載，南海有五十三個國家和地區與南宋通商貿易，形成了通往日本、高麗、東南亞、印度、波斯、阿拉伯等地的『海上絲綢之路』。宋代爲了加强商貿往來，於北宋神宗元豐三年（一〇八〇年）頒佈了中國歷史上第一部海洋貿易管理條例《廣州市舶條法》，并稱爲宋代貿易管理的制度範本。

元朝在經濟上採用重商主義政策，鼓勵海外貿易，中國與歐洲的聯繫與交往非常頻繁，其中馬可·波羅、伊本·白圖泰等歐洲旅行家來到中國，留下了大量的旅行記，記録元代海上絲綢之路的盛况。元代的汪大淵兩次出海，撰寫出《島夷志略》一書，記録了二百多個國名和地名，其中不少首次見於中國著録，涉及的地理範圍東至菲律賓群島，西至非洲。這些都反映了元朝時中西經濟文化交流的豐富内容。

明、清政府先後多次實施海禁政策，海上絲綢之路的貿易逐漸衰落。但是從明永樂三年至明宣德八年的二十八年裏，鄭和率船隊七下西洋，先後到達的國家多達三十多個，在進行經貿交流的同時，也極大地促進了中外文化的交流，這些都詳見於《西洋蕃國志》《星槎勝覽》《瀛涯勝覽》等典籍中。

關於海上絲綢之路的文獻記述，除上述官員、學者、求法或傳教高僧以及旅行者的著作外，自《漢書》之後，歷代正史大都列有《地理志》《四夷傳》《西域傳》《外國傳》《蠻夷傳》《屬國傳》等篇章，加上唐宋以來衆多的典制類文獻、地方史志文獻，集中反映了歷代王朝對於周邊部族、政權以及西方世界的認識，都是關於海上絲綢之路的原始史料性文獻。

海上絲綢之路概念的形成，經歷了一個演變的過程。十九世紀七十年代德國地理學家費迪南·馮·李希霍芬（Ferdinad Von Richthofen，一八三三～一九〇五），在其《中國：親身旅行和研究成果》第三卷中首次把輸出中國絲綢的東西陸路稱爲『絲綢之路』。有『歐洲漢學泰斗』之稱的法國漢學家沙畹（Édouard Chavannes，一八六五～一九一八），在其一九〇三年著作的《西突厥史料》中提出『絲路有海陸兩道』，蘊涵了海上絲綢之路最初提法。迄今發現最早正式提出『海上絲綢之路』一詞的是日本考古學家三杉隆敏，他在一九六七年出版《中國瓷器之旅：探索海上的絲綢之路》中首次使用『海上絲綢之路』一詞；一九七九年三杉隆敏又出版了《海上絲綢之路》一書，其立意和出發點局限在東西方之間的陶瓷貿易與交流史。

二十世紀八十年代以來，在海外交通史研究中，『海上絲綢之路』一詞逐漸成爲中外學術界廣泛接受的概念。根據姚楠等人研究，饒宗頤先生是華人中最早提出『海上絲綢之路』的人，他的《海道之絲路與昆侖舶》正式提出『海上絲路』的稱謂。選堂先生評價海上絲綢之路是外交、貿易和文化交流作用的通道。此後，大陸學者馮蔚然在一九七八年編寫的《航運史話》中，使用『海上絲綢之路』一詞，這是迄今學界查到的中國大陸最早使用『海上絲綢之路』的人，更多地限於航海活動領域的考察。一九八〇年北京大學陳炎教授提出『海上絲綢之路』研究，并於一九八一年發表《略論海上絲綢之路》一文。他對海上絲綢之路的理解超越以往，且帶有濃厚的愛國主義思想。陳炎教授之後，從事研究海上絲綢之路的學者越來越多，尤其沿海港口城市向聯合國申請海上絲綢之路非物質文化遺産活動，將海上絲綢之路研究推向新高潮。另外，國家把建設『絲綢之路經濟帶』和『二十一世紀海上絲綢之路』作爲對外發展方針，將這一學術課題提升爲國家願景的高度，使海上絲綢之路形成超越學術進入政經層面的熱潮。

與海上絲綢之路學的萬千氣象相對應，海上絲綢之路文獻的整理工作仍顯滯後，遠遠跟不上突飛猛進的研究進展。二〇一八年厦門大學、中山大學等單位聯合發起『海上絲綢之路文獻集成』專案，尚在醞釀當中。我們不揣淺陋，深入調查，廣泛搜集，將有關海上絲綢之路的原始史料文獻和研究文獻，分爲風俗物産、雜史筆記、海防海事、典章檔案等六個類別，彙編成《海上絲綢之路歷史文化叢書》，於二〇二〇年影印出版。此輯面市以來，深受各大圖書館及相關研究者好評。爲讓更多的讀者親近古籍文獻，我們遴選出前編中的菁華，彙編成《海上絲綢之路基本文獻叢書》，以單行本影印出版，以饗讀者，以期爲讀者展現出一幅幅中外經濟文化交流的精美畫卷，爲海上絲綢之路的研究提供歷史借鑒，爲『二十一世紀海上絲綢之路』倡議構想的實踐做好歷史的詮釋和注脚，從而達到『以史爲鑒』『古爲今用』的目的。

凡例

一、本編注重史料的珍稀性，從《海上絲綢之路歷史文化叢書》中遴選出菁華，擬出版百册單行本。

二、本編所選之文獻，其編纂的年代下限至一九四九年。

三、本編排序無嚴格定式，所選之文獻篇幅以二百餘頁爲宜，以便讀者閱讀使用。

四、本編所選文獻，每種前皆注明版本、著者。

五、本編文獻皆爲影印，原始文本掃描之後經過修復處理，仍存原式，少數文獻由於原始底本欠佳，略有模糊之處，不影響閲讀使用。

六、本編原始底本非一時一地之出版物，原書裝幀、開本多有不同，本書彙編之後，統一爲十六開右翻本。

目録

皇明馭倭録（三）

皇明馭倭録（三）

卷七一卷

〔明〕王士騏　纂

明萬曆刻本

皇明馭倭錄卷之七

兵部車駕清吏司主事臣王士騏纂

嘉靖三十五年

福建倭寇流入浙江與錢倉寇合留守王倫容美土司田九霄并扼之曹娥江賊不得渡還走官軍追及之連戰斬首三百級復追至黃家山盡殲之

松江府新場倭襲敗官軍于二橋參將尚允紹等死之亡其卒四百餘人

論三十四年浙江禦倭功罪奪參將盧鏜職副使孫宏軾許東望俸各戴罪立功卹録正事守備劉

隆等陞襲贈廕有差初十月倭寇自樂清登岸十
一月中流刼黃巖仙居諸縣時宏軾東望皆按兵
不戰鎧畱定海備舟山新至賊獨隆及指揮閔溶
等遇于平陽死之已而官兵後至者多陷賊伏中
于是慈谿主薄畢清死夫日嶺鄉兵監生謝志望
死升嶺生員胡夢龍死後郭儒士金應暢死小江
口紹興府知事何常明死杭塢山賊屢戰亦饑疲
乃遁至宋家漊典史吳成器引兵追之擒斬三十
餘人至十二月十四日官軍合攻賊于嵊縣地方
殲之是役也賊不滿二百顧深入三府歷五十餘

日始平破賊殺擄者無算于是督察軍務侍郎趙
文華浙江巡按御史趙孔昭巡撫胡宗憲總督軍
務南京兵部右侍郎楊宜以聞[redacted]係軍官當陞
襲係有司及生儒當贈官録廕
上皆從之于是隆等各陞子孫實職一級常明清志
望各贈太僕寺丞廕一子爲國子生夢龍應暘各
贈州同知給其子冠帶巳總督楊宜復言功出容
美宣撫應襲田九霄詔給之冠帶兵部覆巡按浙
江御史趙孔昭奏請以團練鄉兵責成府縣正官
限一年之内撫按臣各分勤惰以聞報可

總督南直隸浙福軍務侍郎楊宜言吳浙民柔懦不可用所調客兵日久思歸今松江浙東留賊尚千餘新倭且至何以禦之請如正德間調各邊兵勦賊故事每邊擇勁兵二枝以敢戰將二人領之期以三月至河南睢陳彰德官軍及毛葫蘆軍共選三千隨給甲兵衣費以宣武等衛帶俸都指揮吳子英等統之期以三月至章下兵部獨請調河南兵其邊兵留以備虜

上曰調原非經久之計宜先請選練鄉兵今又專說調兵漫無定見非委任至意河南兵姑如議調遣

各有司務將本處鄉兵從實訓練如再因循怠玩
巡按御史劾治之
陞光祿寺卿章煥為都察院右僉都御史巡視福
興泉漳海道既而不行時總督侍郎楊宜以近日
福建備倭浙江督臣遥制不便請專設一巡撫都
御史即其地經畧之兵部覆設巡撫事體未便宜
暫設巡視都御史俟事寧議革
上從之乃命煥往煥辭以權輕乞假督撫銜得節制
全省調度兵食為便部覆請更銜為巡視福建地
方議上

上竟寢前命仍以巡視福建海道屬浙江巡撫留煥
别用已兵部又覆提督操江都御史褒善巡撫
應天都御史曹邦輔巡按直隸御史徐敦請增設
叅將一員駐蕪湖管理建陽新安宣州三衛官軍
令應天兵備兼轄池州九江兵備兼轄安慶而潁
州兵備亦得兼廬和等處江防
上曰近來督撫諸臣不務實心任事但思多設官司
以分已責況有官無兵徒設何益其叅將所統三
衛官軍實有堪補操練者其數幾何所司查明另
議以聞

罷總督南直隸浙福軍務南京兵部右侍郎楊宜
先是三十四年十二月蘇松兵備任環都司李經
守備楊進率永順保靖土兵追勦新塲倭寇時賊
衆二千人皆伏不出而詐令人舉火于數里外若
將引去者保靖土舍彭翅引軍先入營之不見一
人于是永順頭目田菑田豊年等爭入伏起我軍
四面爲賊所圍翅等與其所部俱死之御史邵惟
中以聞因言旬月之內酉陽永順兵再北皆由督
撫畧失宜將領觀望畏怯所致乞飭宜與都御史
曹邦輔俾無再誤而究治環及經縉并褒䘏翅菑

豊年等得旨宜調兵萬餘不能平賊屢失機宜今
又多所亡失大負委任姑革任回籍閒住邢韓環
經俱奪俸戴罪勦賊趙等各贈一官仍賜以棺殮
具宜闇淺無大畧不足應變時海氛甚熾徵川湖
廣貴及閩浙河南山東之兵畢集宜袖手無一策
且懲于張經之被陷奉趙文華極其卑謟故文華
雖厭薄之然而不怒也時文華與胡宗憲私厚亟
欲以宗憲易宜正月中文華入京
上諭太學士嚴嵩問文華南寇始末文華即昌言寇
起時苦無兵今徵兵四集所苦督撫非人不能調

度請罷冝以宗憲代之
上深以爲然謂嵩曰冝當亟更再歲月之延不無悞
事會惟中疏至部覆請戒諭宜令圖後效特詔罷
之
革分守福建叅將尹鳳備倭指揮劉炌充爲事官
戴罪立功去年冬倭自白湖江登岸流刼莆田福
青攻鎮東衛千戸戴洪髙懐被殺鳳督兵與戰于
東岳洋大敗陣亡千戸白仁丘珍楊一茂等巳復
部分泉州指揮童乾震及炌等爲左右翼攻賊炌
逗撓不進乾震戰死事聞兵部叅覈因有是命

命操江都御史史褒善量調九江安慶官軍防守
京口圌山等處添設把總指揮一員領之勑
上從部議以南京營兵不宜出戍悉令掣還及是江
北俱被倭自京口以西至南京各關隘戍守盡仰
外兵不敢發京營一卒于是應天常鎮守臣各稱
不便兵部乃復爲請于近京龍潭觀音港株林淳
化四處量發營兵與在城民兵戍之其京口去京
遠者聽操江都御史以便宜調别衛軍協守因有
是命
直隸巡按御史周如斗以正月間官軍禦倭于擒

事聞因參總督侍郎楊宜提督都御史曹邦輔輕率寡謀致川兵敗于新塲東兵葫兵敗于四橋乞將宜罷黜邦輔罰治陣亡參將尚允紹指揮李田鮑東萊千户郭勛崔彦章李尚節李岢百户趙武陳清襃恤疏下兵部參看

上深以南寇爲憂疑趙文華前言零寇將滅爲不實屢以問太學士嚴嵩嵩曲爲營解

上意終不釋文華聞而大懼是時吏部尚書李默頗與嵩異同文華自江南旋恣睢暴戾公卿多所凌侮無敢抗者默獨以盛氣折之楊宜既罷嵩文華

雅欲以胡宗憲代默復推用王誥由是嵩文華惡默滋甚及是文華謀所以自觧者稔

上喜告許乃指默部試選策目有漢武唐憲咸以英睿興盛業晚節乃爲任用匪人所敗等語指爲謗訕奏之因詭言臣受

皇上重托爲人所嫉近奉命還京臣討零寇指日可滅乃督撫非人今復一敗塗地皆由默恨臣前歲見劾其同鄉張經思爲報復迨臣繼論曹邦輔延今半年地方之事大壞昨浙直總督又不推宗憲而用王誥抵塞然則東南塗炭何時可解陛下宵

旰之憂何時可釋也默罪廢之餘

皇上洗瘢録用不思奉公憂國乃懷奸自恣敢于非

上如此臣誠不勝憤憤昧死以聞

上覽大怒詔禮部三法司及該科叅看覆稱默執偏

自用失大臣體至其策問所引漢唐又非所宜言

上以語涉黨護切責尚書王用賓等各降俸三級而

下默鎮撫司拷訊刑部尚書何鰲遂坐默比擬子

罵父者律絞

上曰律不著臣詈君人謂必無也今有之其加等處

斬錮于獄遂諭禮兵二部曰南賊一事坐視人臣

都不盡忠文華非告容者楊宜已黜仍革去冠帶
爲民曹邦輔令巡按御史逮繫來京問此任便推
補王誥不必令仍舊職胡宗憲陞兵部左侍郎兼都
察院左僉都御史總督軍務尋陞湖廣按察司使
張景賢右僉都御史代邦輔後邦輔逮至謫戍邊
默竟瘐死獄中默愽雅有才辯以氣節自負初由
吏侍擢冢卿旋忤旨罷去久矣
上念默召復其官時官邪賂彰文武輻輳嚴氏所吏
兵卿正唯唯受成而已默自以受
上特知毅然與爭行止其氣甚壯然褊淺頗僻在銓

省好以愛憎軒輊人又頗私鄉舊明以恩威自歸以是士論亦不附之及爲文華陷死代之者爲兵鵬歐陽必進率闒茸垢濁公爲嚴氏開騙局遂致公道閼塞中外困敝人心乃復思默而憐之

總督胡宗憲以浙江王家山捷聞請録容美應襲田九霄舍人田九章及原任留守王倫功

上從部議命九霄襲宣撫職以紵衣一襲賜之九章給冠帶倫復原職仍將兵殺賊

僉原任海寧把總指揮丁瑾原任浙江都司署指揮僉事梁鳳並以爲事官充叅將領兵勦賊用總

督撫宗憲薦也
兵部奉旨覆議九卿科道條陳禦寇事宜一選武
職海上將官惟盧鏜俞大猷可用宜貸罪還職責
其後功浙直總兵劉遠未暗水戰宜罷回南京左
軍帶俸一任文職教授韓宗福通判羅拱辰僉事
董邦政皆知兵不宜以詿誤廢棄典吏吳成屢立
奇功當不次用之一精選練鄉兵招募雖多可用
者少且浙直沿海一帶原有各衛所軍平時既以
民養兵臨事復以民衛民殊失
祖宗設軍之意請汰去鄉兵之老弱者而脩舉各衛

所軍政募民開墾屯田以充月糧其浙直通泰之間最利水戰往時多用沙船破賊宜視客兵例厚加賞給以招徠之一慎徵調土夷驕悍難使毛葫蘆諸兵道遠不能猝至不如用蕩蘆礦夫及附近軍民兵之易集者一處軍餉兵興以來賦額日增而最不便者爲提編銀請量留應天浙直歲運之數及查取兩淮川廣鹽課各山香銀関鈔以舒民力其民兵工食各府州縣比原額量加一倍于丁田取之沙兵工食于浙直不被兵之處派之主客兵糧及犒賞軍器于軍門所奏留銀給之一守要

害防禦之法守海島爲上宜以太倉崇明嘉定上
海沙兵及福蒼東莞等船守山陽馬蹟寧紹台温
及下八山採補福蒼東莞等船普陀大衢其陳
錢山爲浙直分路之始狼福二山約東海尾交接
江洋亦屬要害宜令通泰兵備叅將督水兵固守
萬一登岸則付總兵以陸兵遮擊之一明職掌浙
江叅將俱隨時倡設職守未明請以杭嘉湖爲一
道温處爲一道寧紹爲一道各給勑符旗牌其臨
觀昌國金盤等處把總一如直隷事例聽撫按會
舉温處守備及舊設浙江總督備倭都司係冗員

宜裁革一明賞罰以軍中功次爲五等一論首級
凡軍民臨陣擒斬有名賊一人者陞授三級不願
陞賞銀一百五十兩獲真倭從賊一人及陣亡者
陞授一級不願者賞銀五十兩獲漢人脅從賊一
人陞授署一級不願陞賞銀二十兩一論奇功如
在海遇賊能遏其近港即近港能遏其登岸又如
登岸有衝鋒破陣追之出境者有所部兵少而斬
獲多者均謂奇功聽督撫紀功御史勘報破格陞
賞一分信地凡守備把總及海防府州縣佐各有
信地賊至不能拒守固有常律若能奮勇斬擒許

以贖之即罪少功上仍以功論如賊從他路出境
有邀截擒獲者所得即以與之仍照例陞賞一明
級職武將自守備以下文官自海防同知以下所
將卒五百擒斬真倭五人陞一級十人加一級所
將卒一千每五人陞署一級十人實授一級各以
遞陞至三級而止如先獲功後失事革職者准贖
其餘功罪叅將照所屬分論兵備隨之副總合所
屬通論巡撫隨之一行撫諭近侍即趙文華獲降
倭如入寇海賊俱係日本所屬野島小夷爲中國
逋逃所引其王未必知也乞遣官勑朝鮮令其傳

諭日本王禁戢諸島跡入詔俱如議行鏜大猷姑
准以爲爲事官推用事寧併叙詔諭一事禮部再
考
祖宗時故事以聞于是以大猷充鎮守總兵鏜充鎮
守副總兵董邦政復原職添註海防韓崇福等録
用有差
禮部覆查　祖宗時宣諭日本
故事宣德七年曾遣内臣柴山賫勑至琉球令傳
諭日本來朝嘉靖二十年爲宗設等犯順而琉球
貢士適來復令諭之此皆以夷馭夷事之已效者

也今朝鮮慕義在琉球之上又嘗有遮殺宗設功
爲諸夷所憚請俟其至給勅宣諭如兵部言詔可
既而會浙直奏凱事寢不行
吏部以工部尚書缺會推侍郎趙文華
上悅曰文華貢誠祭海受命督察宜有恩奬此推甚
爲得人其陞工部尚書仍加太子太保以賞討發
不臣之功
倭船四十餘艘至乍浦登岸流刼嘉興松江等處
兵部言昨歲浙江巡撫胡宗憲請遣使宣諭日本
國王禁戢島夷并招還通番商犯許立功免罪既

奉俞旨遂以寧波府生員陳可願蔣洲往至是可
願還言初自定海開洋爲颶風飄至日本國五島
遇王直毛海峰等言日本國亂王與其相俱死諸
島夷不相統攝須遍曉諭之乃可杜其入犯有薩
摩洲賊舟未奉諭已先入寇矣我輩悉坐通番禁
嚴以窮自絕實非本心誠令中國貸其前罪得通
貢互市願殺賊自效遂留蔣洲傳諭國王於若輩
不便設難邀阻或由懷戀故土擬成此機會立功
自歸乞令本兵議其制諭所宜俾孚等奉以從事
疏下部覆東南自有倭患以來有言悉航海奸商

王直毛海峰等以近年海禁大嚴謀利不遂故勾
引海島爲寇者有言彼國遭荒米貴各島小夷迫
于飢窘乃糾衆掠食國王不知者用兵數歲捕獲
亦多招報叅詳無可據故昨歲禮部從撫臣之
請遣使偵之今使者未及見王乃爲王直等所說
而返其云禁諭各夷不來入犯似乎難保且直等
本我編民既稱效順立功自當釋攻止兵乃絕不
言及而第求開市通貢隱若夷酋然此其姦未易
量也宜令宗憲等振揚威武嚴加提備仍移文曉
諭直等俾勦除舟山等賊巢以自效其信果海濡

清蕩朝廷自有非常恩賞其互市通貢姑俟蔣洲回日夷情保無他變然後議之疏入報可

命四川巡按御史逮原任遊擊曹克新送法司問初川兵旣敗總督楊宜令克新收合散亡而全軍皆逃無一留者克新謂巳有督押責處各兵沿途生事辭行于宜宜固留之不聽遂劾其違令喪師不治無以肅兵律故有是命

倭船二十餘艘自浙江覘海登岸攻慈谿破之殺鄉官副使王鎔知府錢渙等大掠而出

南直隸續至倭三十餘人犯鎮江瓜州儀真等處

江北倭寇流刼至圖山北等港無爲州同知齊恩率舟逆戰敗之斬首百餘級恩長子尚文次子嵩叔仲實弟寶榮姪慎寅友良大卿孫童俱在行嵩年十八驍勇善射獨前追賊至安港恩等從之會伏發賊四合圍恩等及其家丁錢鳳等三十一人力戰皆死之獨嵩慎三人得脫賊乘勝遂至金山殺鎮江千戶沈宗玉王世臣于江中

倭寇復攻慈谿入之時兩浙俱被倭而浙東則慈谿焚殺獨慘餘姚次之浙西柘林乍浦烏鎮皁林間皆賊巢前後至者二萬餘人巡按御史趙孔昭

以聞詔總督胡宗憲亟圖勦寇方略各處調兵巡
撫官有滯留不發者罪之
御史趙孔昭劾上松江嘉興等處官軍失事狀
上從部議擬以指揮火雷等十二人失守信地下御
史逮問指揮邢鎮督禦無狀降二級指揮王彦忠
等十人赴援不力奪俸半年布政潘恩副使鄭光
溥指揮許文學等三人以無功奪俸三月惟有功
指揮徐行捷贖罪陞陣亡指揮李上一級世襲給
賞烏程知縣張冕及指揮蕭堯卿等四人各有差
倭寇犯直隸西庵沈莊清水窪等處總兵官俞大

猷蘇松海防僉事董邦政帥兵擊之斬首三百五十餘級賊遯陶山

倭寇萬餘趨浙江皂林等處佐擊將軍宗禮帥兵九百人禦之于崇德三里橋三戰俱捷斬首三百餘賊首徐海等皆辟易稱爲神兵會橋陷軍潰禮與鎮撫候槐阿衛忠義官霍貫道俱死之賊乘勝攻桐鄉不克禮驍勇敢戰所部箭手三千人皆壯士及是役論者謂兵興以來用寡敵衆血戰第一功禮雖陷敗然海等亦病鎗奪氣未幾遂就撫云

巡按浙江御史趙孔昭上王江涇平倭功次詔賞

趙文華胡宗憲各銀四十兩紵絲二表裏進保靖
宣慰使彭藎臣永順宣慰應襲官舍彭翼南階俱
昭毅將軍陞遊擊鄒繼芳官一級仍與指揮王柱
各賞銀二十兩指揮同知孫敖丁僅許以功贖副
使陳應魁劉懿孫宏軾叅政郭乾叅議王繼洛僉
事王詢及聞任右通政呂希周各賞銀二十兩繼
洛宏軾仍各加俸一級叅將張國威指揮王欽王
彥忠樂填千戸崔廷潤分别犒賞具餘獲功人員
曾勇等二十一人陞録有差
南京兵部尚書張鏊巡撫鳳陽都御史陳儒各奏

倭寇突入淮陽焚運船民舍漸逼南都乞速調客兵應援兵部議覆從之勑兵部右侍郎沈良才僉都察院右僉都御史督兵至浙江等處禦寇先是巡按浙江御史趙孔昭奏新舊倭賊合黨流突浙之東西勢甚猖獗請簡命才望大臣一員督兵應援兩浙且爲南京保障下兵部覆議遂命良才辭行因陳便宜三事一處調募謂本部原議調河南睢陳兵二千募民兵一千陝西兵三千徐邳民兵三千但陝西兵道遠不能卒至又未有將領宜用兵備參將各一員統之睢陳存留之卒分隸各衛

巳久勢難遽集請暫以叅將所部入衛民兵代之聽調兩淮盐銀賷至徐邳召募道里頗遠宜借用太僕寺馬價銀三萬隨催盐銀補還若徐邳壯卒不及三千之數當量募山東兵補之一議軍餉乞勑戶部選一司官精敏者給銀五萬兩隨臣向往以便支給如有不敷聽于所在積貯便宜取用一議任使舉本部郎中郭仁員外郎王遴隨軍賛畫閑住總兵官徐珏革任守備何鳳督戰立功俱從之

命太子太保工部尚書趙文華兼都察院右副都

御史提督浙直軍務初文華言殘倭無幾旋當清
蕩已而海警屢至因
上屢詰懼誅乃攻李默誹謗爲脫罪地
上果大悅陞文華尚書加宮保嵩因薦文華有文學
宜供玄撰
上不允及是倭患日甚浙之東江之南北攻城殺將
羽書日夕數至于是部議遣大臣督兵往援業已
命兵部侍郎沈良才矣
上復諭大學士嚴嵩以南地人事物情再問文華令
備細以實對嵩知

上覺其欺詞窮且見譴乃令文華自以其意請往視
師嵩從中爲言良才不勝任江南人引領俟文華
至宜仍遣督察則諸臣不敢欺蔽寇滅可期
上乃止良才勿行令文華即往提督軍務賜勅遣之
文華因奏薦文武官知兵可用者副留守朱仁守
備朱廕戶部郎中陳惟舉工部郎中陳茂禮新補
雷州知州盧孝達原任漳州通判黃元恭請悉發
自隨與良才所舉何鳳郭仁一體效用詔可
以江南北被倭令各處督撫官發銀糴米并發存
留預備倉儲充軍餉無以漕粮未過淮者兩淮司

工部餘鹽銀未解者量留助之仍懸示勸借賞格凡軍輸銀百兩或米百石以上者勑旌其門一百两一百石以下與五十两五十石以下者有司量加獎示以激勸從户部請也

巡按直隷御史周如斗以倭寇犯江洋請治操江都御史史褒善叅將樊景陽把總張成巴婁旦巡撫都御史張景賢失事之罪而録陣亡百户戚繼爵後詔停褒善俸褫景陽成巴職俱戴罪殺賊景賢姑免究且下御史問繼爵贈官陞襲如例

以倭寇亂命再調永順保靖土兵六千聽總督胡

宗憲調度守浙直募南贛兵千人兩廣水兵五百
聽南京兵部尚書張鏊調度守南京從二臣請也
倭寇自慈谿入海泊魚山洋聽撫賊毛海峰等助
官軍追擊之擒斬首八十人
浙直總督胡宗憲遣使至桐鄉縣諭賊首徐海陳
東麻葉海聽命歸我俘二百人東不從復留攻一
日始退屯乍浦
詔留浙江原派河工銀三萬六千兩于本省充餉
總督胡宗憲請也
降海防僉事董邦政爲蘇州府同知仍戴罪勦賊

坐督戰退縮爲御史周如斗所劾也未幾總督胡
宗憲以四月中清水窪等處㨗聞稱邦政及總兵
俞大猷功邦政得免戴罪仍送吏部擬陞四品職
級大猷復祖職時邦政聞左遷報已移病先歸部
疏未及上如斗復論其怨望託病之罪乞加重處
得旨東南多事之際若遷謫官槩因託病諉罷反
遂其私今亟催赴任如再遲延以法治之
勅提督操江都御史史褒善閒住初褒善駐蕪湖
聞有倭自浙西突至即以是日馳往徽寧避之賊
渡江陰過狼山直抵瓜州至楊州寶應城賊大掠

皆江防地官軍無能禦者于是南科給事中張師
載論劾褒善選懊失職遂坐免
總督浙直胡宗憲請録浙江三里橋死事諸將佐
擊宗禮等詔贈禮都督同知廕一子指揮僉事世
襲鎮撫侯槐何衛各襲陞其子二級義官霍貫道
贈光祿寺丞廕一子知印出身
廣東倭寇刼掠潮州等處撫臣談愷以聞請以本
省兵船調赴浙直軍門者掣還自救其軍餉取之
贓罰部覆並海諸省俱係要地宜令愷與胡宗憲
酌議彼中事勢緩急以爲去留不得自分彼此餘

當如議從之
蘇松倭寇自黃浦及七丫港遯出海總兵俞大猷
督水兵追戰大敗之斬首三百餘級
浙江倭寇攻仙居縣陷之乘勝趨台州副總兵盧
鏜及把總艾升等引兵擊之於彭溪鎮擒斬二百
餘人
陞湖廣布政司右參議朱舜民浙江布政司右參
議王詢俱爲浙江按察司副使而調山東按察司
副使陶大年於福建俱海道時總督胡宗憲論劾
福建副使杜拯浙江副使蔡揚金鄭光溥皆文墨

士不諳軍旅緩急不足恃請移之他所而以原任副使茅坤等代之吏部謂坤等以罪廢不當用乃改擬舜民等名

上從部議仍令申飭各撫按官今後有以考察論罷官乘間濫舉者罪之

巡撫應天都御史張景賢奏四月中福山港水兵叛降倭寇引入内地刼掠因劾把總指揮姜旦貪殘激變等罪詔巡按御史逮旦至京問

總督浙直胡宗憲奏賊首毛海峰自陳可願歸後嘗一敗倭寇于舟山再敗之于歷表又遣其黨説

諭各島相率效順中國方賴其力乞加重賞兵部
覆兵法用間用餌或招或撫要在隨宜濟變不從
中制令宗憲所請當假以便宜使之自擇利害而
行事宜奏請詔可
浙江巡按御史趙孔昭類奏倭寇犯兩浙前後官
軍死事者海寧衛指揮徐行健死乍浦王橋松門
衛指揮程録死嘉興南關温州府同知黃釧死紹
興桐山處州衛百户方存仁死青田江皆忠勇宜
録因請治失事官罪詔總督胡宗憲巡撫阮鶚勿
問副總兵盧鏜降祖職三級叅將丁僅副使許東

望劉燾各停俸戴罪殺賊參將王元相降祖職二級與總兵劉遠俱革回原衛參政孫宏軾降二級仍聽用軍門嘉興府同知張大賢曲入繩各奪俸半年副使劉慤寕波知府張正和温州知府賀涇嘉興知府宋治平陽知縣李伯遇嘉興知縣陳松秀水知縣張烈文各奪俸三月慈谿知縣柳東伯以縣被陷黜爲民守備張大本等三十五人下御史問黃釧贈右叅議廕一子爲國子生徐行健贈都指揮使廕一子百戶程録方存仁贈襲如例仍各立祠死所祀之

官軍追擊倭寇于乍浦大破平之初浙西寇唯陳東所部最强久據新塲既而徐海後至與之合桐鄉之圍海先在三里橋陣傷推東前進久之不克及胡宗憲間使至海麾其兵遷退東不得已從之遂于海有隙宗憲微知其情乃乘間急說下海使爲内應海許諾即計擒東及其黨麻葉等百餘人以獻而自率其所部五百餘人劄乍浦別營梁莊官軍遂擊乍浦巢四火攻之連戰斬首三百餘級焚溺死者稱是奪回被擄男婦七百餘人餘賊有遁入海者參將盧鏜率兵追及之沉其舟無一

得還

陞呂城守備王介爲遊擊將軍仍領兵殺賊以總兵徐珏參將左顯唐玉中軍朱仁俱赴軍門犒賞初六月中倭寇犯丹陽介等督兵追至孟河賊移泊桃花等港上登岸焚刼介迎戰敗之珏等俱有斬獲功至是總督尚書趙文華以聞故有是命

巡按浙江御史王極條陳備倭事宜其畧言倭夷之情有四一登岸之初必盡焚其舟誓不返顧故其黨皆爲盡死一攻城臨敵必以被掠之民使爲前驅以自蔽而徐出其銳兵乘我之乏一遇客兵

精勇先示以弱誘之絶地則伏起夾攻我兵遂亂
一所掠寶貨往往佯敗而走遺之陣前伺我兵逐
利之際因還擊之此賊之所以常例也而我兵之
弊亦有四哨探不明攻守無措故每戰墮賊術中
宜多選精銳便捷之士而重其賞罰一入探姦細
宜許其投首免罪厚加優䘏一新募官兵原無定
額事無則日月工食有事則渙然解散宜將見在
水陸官兵汰其老弱清其貫址專其統領定其行
伍則軍有節制遇敵不亂一調來客兵多非舊練
止招集四散以足其數而領兵者又非原管主帥

故臨敵則圖利而輕進遇急則索賞而畱難宜嚴
復客兵原練之數即以舊將領之使將兵相習乃
得其死力兵部覆言可行得旨如議
以四月倭寇掠瓜州燒漕粮三萬四千餘石奪摠
兵官署都督僉事方恩俸三月下把總指揮千百
戶幷官于御史問
提督浙直軍務尚書趙文華總督浙直侍郎胡宗
憲巡撫浙江都御史阮鶚以乍浦捷聞因類奏六
月中各哨官兵首功前後共二千餘級兵部覆奏
徐海雖稱效順而擁衆自保情狀叵測宜令所司

嚴爲之備不得借口投降貽患地方各處戰功請
行巡按御史覈實[redacted]賞從之時浙東僊居浙西桐
鄉二大冦畧平其分掠海門者把總張成巳敗之
江北冦流入常鎮者總兵徐珏等敗之及蘇松寧
紹等處相繼告捷賊勢衰矣
官軍進勦海冦徐海等于梁莊大破平之初海既
縛獻陳東等退屯梁莊聽撫時索舡索賞進退未
決其部衆無所得食稍稍出營鹵掠至是官軍四
面俱集保靖容美兵自金山至永順兵自乍浦至
趙文華遂欲乘勢勦海執海衆㓨掠爲辭使人責

一嗎之海知有變乃阻深塹自守為迎戰備言好既
絶我師遂薄賊營火大風縱火諸軍鼓譟從之海
等窮迫皆闔戶投火中相枕藉死于是浙直倭寇
悉平
巡按直隷御史周如斗奏上四月中安港金山諸
臣死事把總劉堂立功百戶徐顯鎮江同知劉希
召指揮孫金王果蘇州同知袁文貴指揮朱昆畏
怯觀望之罪兵部覆奏故無為州同知徐恩舉家
死難宜優叙千戶沈宗王王世臣宜如例恤録堂
等宜下御史問文貴且調滸吉俱依擬乃贈恩為

光祿寺寺丞廕一子入監讀書仍厚卹其家宗王
世臣俱贈指揮僉事子孫陞襲一級
巡按福建御史吉澄言三月間倭寇百餘人流刼
古田殺備倭指揮使劉炌副千戶王月請治失事
叅將尹鳳都指揮王夢麒王鎮來熈指揮秦經國
等及叅議吳天壽僉事袁洪愈知州鍾一元之罪
詔贈月都指揮同知並炌立祠致祭革鳳職并夢
麒等下御史問天壽等各奪俸三月

一以直隷應天池州等府水災蘇松常鎮四府被倭
一各量免秋糧及折徵衛所屯糧有差

提督浙直軍務尚書趙文華等奏上八月中梁莊
平倭功次共斬首一千二百餘級因言水陸諸寇
相繼蕩平皆
上穹默佑聖武布昭非將帥之力能及此兵部覆請
録永保二土司彭藎臣彭翼南彭明輔彭守忠等
及文武將吏功祭告
郊廟
社稷以明德意
上曰妖氣蕩平仰賴
天地洪庇朕心感悅胡宗憲趙文華阮鶚先賜勅奬

勸彭藎臣彭翼南陞右叅政管宣慰司事仍各賞
銀五十兩紵絲四表裏彭明輔彭守忠賞銀四十
兩紵絲二表裡各處調至將兵數多督撫即時犒
酌散回趙文華令還京祭告
郊廟禮部擇吉具儀以聞
巡按直隸御史吳伯朋題奏倭寇犯楊州前後諸
臣死事狀請追録故同知朱裒叅將張恒千戶羅
大爵張希岳百戶曾沂王元鎮撫楊佳等而治指
揮張明化等十二人把總韓德禎等十人失事之
罪兵部覆奏得旨裒贈布政司左叅議仍廕其子

學伊爲國子生餘各以例優䘏張明化等下御史
問德禎等降三級
改授丁憂浙江布政司經歷吳成器爲紹興府通
判仍令奪情視事成器由吏員初任會稽縣典史
以倭功陞布政司經歷及是聞父喪當去總督胡
宗憲稱其敢死善戰撫士卒有恩請量改郡職使
之仍舊練兵從之
巡按浙江御史趙孔昭奏浙西倭寇雖寧而浙東
丘家洋餘賊四百餘人奔遯山奥與舟山賊合黨
宜敕守臣嚴爲之備兵部覆奏從之

贈慈谿縣故省祭官杜槐爲光祿寺丞仍廕一子爲國子生并贈其父文明爲府經歷俱命有司立祠祀之初倭入慈谿槐父子率兵追敗之于王家團及横塘等處海道副使劉起宗因以便宜委之防守餘姚慈谿定海三縣未幾與賊遇于白沙一日戰十三合殺賊三十餘人斬其一酋槐亦數被創墮馬死時文明别將兵擊賊于鳴鶴場斬白眉倭帥一級從七級生擒望斗師陳福二賊賊驚遯呼爲杜將軍巳而復追賊至奉化楓樹嶺以兵少無後繼陷沒至巡按浙江御史趙孔昭聞其事于

朝因有是命
以浙江平湖桐鄉慈谿僊居嘉興秀水嘉善海塩
崇德海寧諸縣被倭減免稅糧有差
准直隸蘇松兵備叅政熊副使任環回籍守制以
倭寇平從其請也
初五月中倭船四艘自浙江敗還飄泊至朝鮮境
朝鮮國王李峘遣兵遊擊于海中盡殲之得中國
被擄并敢逆衆三十餘人至是因遣陪臣沈通源
等入賀以聞并歸我俘
上嘉其忠順賚銀幣仍賜

璽書褒獎通源及獲功人李潤慶等皆厚賜而遣之
以海寇平加提督尚書趙文華少保餘官如故仍
廕一子錦衣衛正千戶陞總督侍郎胡宗憲爲右
都御史兼兵部右侍郎巡撫右僉都御史阮鶚爲
右副都御史各賞銀五十兩紵絲四表裏總兵徐
珏三十兩紵絲二表裏陞遊擊尹秉衡參將唐玉
留守王倫朱仁各二級兵部郎中郭仁爲光祿寺
少卿工部郎中陳茂礼戶部郎中陳惟舉參政汪
栢任環副使徐洛劉燾參政孫宏軾參議王詢僉
事李如桂中書舍人羅龍文把總汪浩用有年守

備朱應夏時叅將左灝婁宇指揮王文澄鎮撫劉經各一級知府盧孝達宋治同知孫大顯通判韓崇福黃元恭知縣張烈文主簿曹廷惠大使賈湯各俸一級叅將丁僅遊擊曹克新指揮朱文樂塡各准贖原任副總兵盧鏜叅將李經陳光祖張麦都指揮戴冲霄王國賢各准復原職賞宣撫田九霄銀五十兩仍復祖職陞總兵俞大猷署都督僉事照舊管事賞知府温景葵三十二員各銀二兩原任總兵羅希韓盧鉞弁小旗謝得行等十人總督軍門分別犒賞陞巡按御史周如斗趙孔昭各

俸一級仍賞銀三十兩紵絲二表裏賞廵撫都御史張景賢等廵按御史吴百朋等各銀十兩紵絲一表裏陞致仕尚寶司卿史際爲大僕寺少卿原任通政吕希周爲通政使通判任中立爲府同知各致仕陣亡土官汪相向鑾部兵劉進贈官給銀如例通政朱尚禮等五人准宥罪給冠帶賞大學士嚴嵩徐階吕本各銀四十兩紵絲三表裏成國公朱希忠等各三十兩二表裏侍郎郭朴等各十五兩一表裡本兵尚書許論二十兩侍郎王崇沈良才十兩各一表裡職方司郎中方祥五兩

卜式之言曰天子誅匈奴臣愚以爲賢者宜死節
于邊有財者宜輸委如此而匈奴可滅也武帝好
大喜功此言猶近于逢迎至於
世廟時江南之有倭患所謂剥膚之災士大夫坐視
不爲國分憂于汝安乎史主事際得之矣宗憲廓
落有度妙在于用人于時縛陳東剿徐海誘王直
大都以口舌成功則如呂希周茅坤輩豈無一言
之助而世槩以居閒訾之過矣夫天下無事則已
有事則卜式之言可思也
贈松江新塲陣亡叅將尚允紹爲都督僉事廕一

子千戶世襲指揮李田鮑東萊千戶郭勛崔彥章
李尚節李鳴百戶趙武陳清各贈官陞襲如例
以直隸鎮海太倉金山松江青村南匯諸衛所被
倭改徵地屯糧折色一年，
巡按直隸御史周如斗劾上蘇松常三府文武官
備倭功罪詔陞副使王崇古知府林懋舉方廉同
知都文奎知縣楊旦楊芷參將婁宇指揮陳習把
總王應麟楊尚英各俸一級賞知府金豪同知李
敏德熊桴通判余玄推官毛起知縣杜時喬莫抑
王其勤都督萬表周于德遊擊白泫都司余昂各

賞銀十兩原任把總劉鏜准復職死事知縣錢錞
廕一子錦衣衛百户指揮同知徐承宗等六人䘏
死
永順保靖二宣慰司兵自浙江平寇還驕甚無復
紀律所過肆掠商民緣江上下多被焚刼者御史
屠仲律以聞請治主將彭藎臣彭翼南罪兵部覆
藎臣等平賊有功新受恩賞遽加罪黜恐孤遠人
效勞之意止宜切責之并治其部兵之首亂者得
旨土兵沿途驕横本宜治罪但念殺賊獲功藎臣
等姑勿問今後浙直督撫官各遵前旨團練鄉兵

禦賊不得輕調客兵
尚書趙文華條陳海防事宜六事一弛海禁謂濱
海細民本籍採捕爲生後緣海禁過嚴以致資生
無策相煽從盜宜令督撫等官止禁通番大舡其
餘各聽海道官編成排甲稽驗出入照舊採捕一
一事權謂江海之防
祖宗設官分職各有定守邇緣倭患猖獗隨宜更設
以致事權不一南北扞格彼此推調操江都御史
出外駐劄而聽効于巡江御史既失居重馭輕之
勢金山副總兵即舊之備倭總督乃無會哨江北

之權錢糧仰給巡撫舡兵無所分屬卒然有警難以調度請以江海之防分爲三節自南京至儀真爲上節責之操江衙門而會哨于儀真自儀至狼福二山爲中節責之常鎮儀真楊州叅將把總會哨于狼福而巡江御史駐劄鎮江叅轄之自狼福至金山副總兵常川會哨巡江御史兼轄之其兵舡錢糧各以所屬巡撫料理庶統屬分明臨事可得實用一留班軍調鳳陽中等九衛所官軍專爲

護守

陵寢而設至永樂間摘撥運粮正統巳巳之變赴京

班操今倭猖獗止存老弱守城兼以連歲水災民逃軍竄防守不備請以江北各衛所官軍俱暫留彼處防守一足兵餉謂水路定兵缺行糧食乞留漕粮三十二萬七千石分貯要地充十萬客兵七八月之用仍查催未完軍餉粮銀處補一治孽本謂浙江一省頃以倭寇增設總督又加巡撫勢如持衡未免偏重請改浙江都御史于福建駐劄漳州巡歷興福諸郡將沿海通番之民責之處撫一舉遺才地方多故負才遺佚之士有扼腕思奮者如原任翰林院編脩唐順之右中允秦鳴夏暨叅

政胡松翁大立周相副使李文進等俱宜錄用以濟時艱疏下令所司覆議俱從之

以賊首陳東等伏誅告于

太廟

提督操江都御史高捷奏狼福二山乃倭出之處請增募水兵萬人福蒼沙船三百艘分發叅將等官操練兵部議從之

旌表孝子一人寧波府慈谿縣生員向敘初倭入慈谿敘扶母以逃遇賊欲殺其母敘泣請以身代賊竟殺敘釋其母邑人稱孝云

嘉靖三十六年

改巡撫浙江都御史阮鶚于福建其浙江巡撫事務命總督胡宗憲兼理從侍郎趙文華奏也

總督侍郎胡宗憲請于浙江提編明年均徭及明年里甲海防從之

總督漕運兼巡撫鳳陽都御史蔡克廉請築寶應縣城以防倭患工部議覆從之

詔以鳳陽府所貯折粮銀二萬兩及楊州没官田租銀給工費

命浙江都司僉書署都指揮僉事劉顯充叅将分

守蘇松

兵部覆南直隸督撫等官胡宗憲等奏直隸沿海之地水兵把總則有吳淞江劉家河福山港鎮江圌山五總然各守信地不相聯絡宜添設遊兵一部撥給福船五十艘令把總官一員統之以爲聲援仍聽副總兵調度報可

巡按直隸御史吳伯朋勘上三十五年五月以後倭犯通州官兵前後共斬首一百四十四級俘獲頗衆宜加甄錄以勵人心

上命賞巡撫都御史陳儒銀二十兩綵幣一表裏陞

兵備副使馬慎知州喻南嶽判官施燿海門知縣趙卿等各一級仍賞慎嶽銀十兩千戶陳迁以托疾規避降二級

江南自乍浦沈莊捷後浙直之倭悉靖唯寧波府定海舟山倭據險結□我兵環守之時出刼略不能免是時土兵狼兵及北兵葫兵悉已遣歸而川貴所調麻寮大剌鎮溪桑植等兵六千人始至總督胡宗憲乃照防春汛分布浙直要害而簡麻寮桑植二司殺手九百人隸總兵俞大猷令經略舟山之賊會十二月二十日夜大雪大猷乃督官兵

及桑麻兵環巢四面攻之賊悉出敵殺土官莫翁
送諸軍益怒競進賊大敗歸巢擁柵自固我兵積
薪草以棕簑捲火擲之賊四散潰出諸軍共斬首
一百四十餘級餘悉焚死被掠男婦得者百餘人
賊遂平捷聞
上命賞宗憲及巡撫阮鶚銀四十兩彩段二表裏陞
大猷署都督同知兵備副使王詢官一級賞都指
揮路良把總指揮張四維銀十兩桑植安撫向仕
祿麻寮千戶唐臣各與四品服贈陣亡莫翁送安
撫給葬如例

巡按御史周如斗類勘三十四等年諸臣禦倭罪
兵部議覆得旨指揮戴紳等十三人下巡按御史
逮問副使王崇古僉事董邦政及參將等官婁宇
等三十二人各陞俸一級遊擊將軍曹克新准復
原職知府等官方燕等十五人各賞銀十兩武生
胡亘朱先各陞二級死事省祭張邦定生員閔電
給其子冠帶仍復其家原任操江都御史史褒善
陞大理寺卿原任通判劉本學陞運司同知各致
仕督察侍郎趙文華仍賞銀三十兩綵段二表裡
提督操江都御史高捷疏陳江防事宜一補額軍

原額江操官軍一萬七千餘名今缺少太半宜行
南京錦衣等衛所照數勾補毋得營改別差避重
投輕一擇將領新江口把總哨總衛總等官舊規
俱守備衙門推委官之賢否豈能盡知宜令操江
會同選補一重責江海水面原無限隔雖經分屯
把守遂節會哨若使拘泥信地不應援亦難防賊
宜將兵分正奇南北內外互相援剿有功失事各
規主客通論一懸異賞倭寇新來之船中無所及
其滿載而後尾擊則地方已受害甚矣請以迎擊
來船之賞列之遮擊去船之上去船止論首功來

船兼論船隻兵部議覆報允

昨年十月間倭賊八十餘人入據福建詔安縣城官軍併力殲之至是御史吉澄勘覆諸臣功罪以聞得旨僉事王堉槐陞俸一級指揮黎鵬舉准贖仍與通判等官汪全等五人各賞銀十兩巡海僉事盛唐分守叅議顧䜣免究守備指揮等官顧裔岳等十一人下巡按御史逮治

倭犯江北先一舟自如皋縣掘港登岸焚刦賊七十餘人官軍合勢急擊殲之于白蒲鎮

倭寇五十餘人自台衢山登岸浙江海道副使王詢

誘而擒之

江北倭寇大至自江洋二洲掘港呂四塲等處登岸凡二千餘人流刧海門縣

倭至通州攻城不克遂分二路西行犯如臯泰興

是日復有倭舟七艘自金沙登岸

倭至揚州營于灣頭鎮數日遂犯高郵是時金沙倭復犯如臯至泰州

高郵倭入寶應縣信宿而去突犯淮安府掠船四十餘艘旋入寶應縣燒毀官民廨舍

揚州倭自淮子沙進犯天長縣都司沃田把總岳

君寵禦之皆敗亾其卒一百七十餘人賊遂入縣
治刦掠已乃由石粱趨盱眙縣復攻入之遂突犯
泗州攻城不克
寶應倭掘縣北土垻泄上河水入乃駕舟溯東鄉
由盐城至廟灣入海居數日開津東遯
泗州倭分衆犯清河攻入縣治縱火焚刦而去遂
侵淮安府
廵撫鳳陽都御史王誥以倭勢猖獗請給旗牌及
叅叅將王介黑孟陽致仕叅將王元伯故違節制
當究部覆得旨旗牌准給介等姑令戴罪勦賊

以揚州倭患聽留兩淮餘塩銀三萬兩仍提編明
年均徭助用
巡按直隸御史尚維持奏留松江府漕米五萬石
以備兵餉從之
倭入安東縣進屯縣治縱火刼掠
淮揚兵備副使于德昌督水陸兵擊倭于安東縣
叅將劉顯率苗兵直前衝賊親斬其渠首賊衆披
靡諸軍鼓譟繼進賊走爭舟我水陸兵夾擊之斬
首百餘級賊多焚溺死者餘衆乃駕舟奔遯退泊
于雲梯關尋自刀門港遁

南京科道等官劉堯誨等言倭寇攻掠揚州高郵
勢且侵及天長六合去留都不數舍夫淮揚爲運
道要衝則當爲國家血脉之慮留都係
陵寢所在則當爲國家根本之圖惟
陛下速責諸臣刻期勦滅仍重究參將黑孟陽等以
嚴失事之罰
上以爲然命南京兵部撫操官及各督撫諸臣亟調
兵驅勦不得怠緩仍擬黑孟陽欵罪革把總韓德
禎備倭王表職俱令立功自贖
命兵部右侍郎江東兼都察院右僉都御史提督

山西保定河南等兵以北樓口遊擊丘陞京营叅将徐珏陞萬全都司夏時爲遊擊丘分統其衆往淮揚勦除倭寇

丙所梔倭舟一艘飄泊海州東阪山居數日奪舟而去

楊州備倭叅将王介叅兵備副使馬慎沮撓軍機侵削兵餉又言慎令馬公子奪所斬賊級爲功馬公子者尚書馬坤子也疏下兵部都察院閲奏言用兵重事文武官不相和恊難以成功慎宜革任回籍馬公子下廵按御史逮問并勘介疏中情實

且奏介姑令戴罪剿賊從之
按劉顯以副總兵行部至通州同知王汝言不爲
禮顯以遣
制劾之汝言僅罰俸兩月而尚書徐學謨鹽言之以
爲近來未有之事而不知王介之更異也王介一
叅将耳而叅兵備副使爲阻撓軍機即令文武不
和亦宜兩罷而獨罷副使且及尚書馬坤子亦下
御史逮問其言蓋無不行真異事哉是時倭患方
熾
上意右之而臺省遂不肯言然則

朝廷何嘗[illegible]武臣武臣不自愛耳

浙直總督胡宗憲淮揚廵按馬斯臧各以江北倭患平定來聞詔兵部侍郎江東統兵還京東奏留叅將徐珏所領保定兵駐揚州防冬汛遊擊丘陞夏時所領山西河南兵各遣歸許之

罷工部尚書趙文華削籍以刑部尚書歐陽必進代之是時

上欲先建正朝門樓責成甚急文華雖慓狡然實無應卒理劇才不能奉旨

上滋不懌且積聞其連歲視師江南黷貨殃民要功

僨事之詳欲[illegible]免之重違大學士嚴嵩意乃先諭
問嵩門樓燬[illegible]何遲該部不專管所致文華志似
不若昔者嵩爲回護言該部正官事繁郎今門樓
木石物料俱集須欽命侍郎及該監官各一員專
管文華因昨歲冒暑南征致疾似非旬月可愈若
二侍郎俱有差部事缺人管理添設侍郎一員協
理之蓋嵩猶未知
上已廉知文華奸狀故也于是工部疏請如嵩指詔
以侍郎雷禮太監袁亨管理營造仍添註工部侍
郎一員命吏部推擇以聞吏部乃以掌通政司事

工部左侍郎盧勳及嵩子世蕃名上世蕃時以工
部左侍郎掌尚寶司事也
上點用勳文華隨上疏請暫命署印侍郎賜假靜攝
旬月稍可即出趨事
上曰今大工方興司空乃其本職趙文華既有疾其
令回籍養病即推勤能堪司空任者以名聞吏部
以必進應詔
上疑其年老問嵩嵩曰必進雖年六十精力尚健前
建重城時必進任工正區處諸事著有勤能績上
乃用之已遣給事中鄭國賓御史宋儀望監視工

程

先是浙直總督胡宗憲爲巡撫時奏差生員陳可願蔣洲往諭日本至五島遇王直毛海峯先送可願還洲留偏諭各島至豐後阻留轉令使僧前往山口等島宣諭禁戢于是山口都督源義長具咨送囘被虜人口咨乃用國王印豐後太守源義鎮遣僧德陽等具方物奉表請罪請頒勘合修貢護送洲還及前總督楊宜所遣鄭舜功出海哨探夷情者亦行至豐後島遣僧清授附舟前來謝罪言前後侵犯皆奸商潛引小島夷衆義鎮等初不知

也于是宗憲疏陳其事言洲奉使宣諭日本已歷
二乃所宣諭止及豐後山口豐後雖有進貢等物
而實無印信勘合雖有金印囘文而又非國王名
稱是洲不諳國體罪無所逭但義長等旣以進貢
爲名又送還被虜人口眞有畏罪乞恩之意宜量
犒其使以禮遣囘令其傳諭義鎮義長轉諭日本
國王將倡亂各倭立法鈐制勾引内寇一併縳獻
始見忠欵方許請貢疏下禮部言來使宜優賚遣
回如宗憲議其宣諭一節事關國體未可輕易詔
仍詳議具奏部臣乃請令浙江布政司以有司之

意移咨風示義鎮等轉輸其王餘如宗憲議報可
華原任工部尚書趙文華職爲民謫其子錦衣衛
千戶懌思邊戍
上旣稔知文華罪惡雖斥意猶未平而言官無攻發
之者
上怒無所洩會其子懌思請假送親回籍是時以
聖旦祈典停封事期八月終止懌思遂以晦日具疏
計御覽在朔日吉朔外矣
上因以是爲文華罪曰文華吉脩限內引疾欺褻已
甚[illegible]殺[illegible][illegible][illegible]民[illegible]大宥之以勸後任事者而其

子疏擾乃[illegible]去二十九日故冒吉期不敬君上至矣文華黜爲民懌思發邊衛充軍因詰禮科失糾今對狀都給事中謝江右給事中鄭國賓給事中周啓大操守經陳麟楊乾亨俱引罪

上責其黨護同欺而飾辭以對命錦衣衛執諸臣端門外杖之俱黜爲民

上乃以文華江南諸不法罪狀示大學士嚴嵩且諭以勿以弟子而掛念焉嵩惶恐對文華平日任情作事不令臣知昨歲南征獲功臣爲之喜不意近日人言其過失多端誠如

聖諭然彼時實未有與臣言者
皇上不加誅殛曲從寬貸以來後人任事誠天地生
全之德臣係師生不能救正又不能早知以告
皇上臣罪無可解所以日來惴惴懷懼非掛念于彼
也荷
皇上俯鑒臣衷猥加諭畏慰臣無任感幸初文華憑
藉啚向資要結
上寵既以睚眦殺張經陷李默及再出江南人畏如
豺虎所至望風媚奉稍後即獲罪贓賂塡滋其後
則擇取黃金納之江南金價頓增數倍及攘將士

之功旋而奏凱驕盈滋甚與嵩子世蕃比周作惡根盤固互朝野以目憂其爲禍未已賴
皇明燭照其奸一旦毅然去之若發蒙振落中外鼓舞稱快焉

巡按福建御史吉澄言去年十月間浙江岳家洋殘倭數百人由溫州海洋突入福寧州閭峽三沙等處守土諸臣不能防遏以致蔓延地方多所殘害因列上文武諸臣失事罪狀及諸效事當恤者兵部議覆得旨海道副使陶大年降一級都指揮等官來熙等革任指揮劉繼良等下御史問布政

使趙維垣而下奪俸有差陣亡百戶黄宏襲陞其子一級生員陳坡量增官職伊男准與冠帶供立祠歲祀

祀故大學士顧鼎臣于其邑鼎臣蘇州崑山人崑山初無城鼎臣始議建之比歲倭奴入寇東南諸郡邑無者悉遭屠戮而崑山獨以保城多所全濟鄉人追思之請監祠邑里以示崇報守臣以聞報可

總督浙直侍郎胡宗憲以本年五月内倭犯淮揚高郵儀真天長盱眙泗州清河寶應安東地方失

事狀聞請優録泰將劉顯力戰破賊之功及褒卹死事都指揮沃田冠帶把總岳君寵等而治諸將之選懦不職及有司之治境被殘掠者詔陞顯三級賞銀四十兩奪鳳陽巡撫都御史王誥總兵官王印俸半年降寶應知縣馬仲芳清河知縣吳希旦邊方雜職下天長知縣王泰然等十人御史問贈田都督僉事襲其子二級君寵千戶給其子冠帶仍復其家

以倭患詔通泰高郵三州寶應如皋泰興安東山陽江東清河盱眙八縣是年本折馬匹盡行蠲免

其海州邳州儀眞興化塩城宿遷桃源沭陽贛榆
睢寧諸州縣本色馬匹盡徵其値并原折馬價減
銀二兩從撫臣王誥請也
以水災免直隸徐蕭定縣三州縣稅糧以倭患免
寶應清河天長盱眙安東五縣稅糧各如例仍命
賑恤傷重之家
總督浙直福建右都御史胡宗憲以擒獲海寇汪
直等來聞直本徽州大賈狎于販海爲商夷所信
服號爲汪五峯凡貨賄貿直多司其質契會海禁
驟嚴海壖民乘機局賺倭人貨數多倭責償于直

直計無所出且憤恨海壖民因教使入寇倭初難之比入則大得利于是各島相煽誘爭治兵艦江南大被其害已而中國召集四方勁兵禦倭倭往往遭損傷有全島無一人歸者其死者親屬亦復咎直直恐乃與諸中國商若王激葉宗滿謝和王清溪等共以其衆屯五島洲自保激寧波人號毛海峯宗滿號碧川謝和號謝老與王清溪皆漳州人悉節年販海通番爲利者宗憲與直同鄉習知其人欲招之則近直母與其子入杭厚撫犒之而奏遣生員蔣洲等持其母與子書往諭以意謂直

等來釋前罪不問且寬海禁許東夷市直等大喜奉命即傳諭島如山口豐後等島主源義鎮等亦大喜乃裝巨舟遣夷目善妙等四十餘人隨直等來貢市以十月初至舟山之岑港焉是時浙東西傷于倭暴聞直等以倭船大至則甚懼競言其不便巡按浙江御史王本固奏直等意未可測納之恐招侮于是朝議鬨然謂宗憲且釀東南大禍而浙中文武將吏亦陰持兩可直既至覺情狀有異乃先遣滶見宗憲問曰吾等奉招而來將以息兵安邦謂宜信使遠迓而宴犒交至也今兵陳儼然

即販蔬小舟無一近島公其給我乎宗憲委曲諭以國禁固爾誓心示無他激以爲信而夷目舍妙等見副總兵盧鏜于舟山鏜誘使縛直等直大疑長宗憲百凡說之直終不信果不敢可遣激出吾當入見耳宗憲即遣之直黨仍要中國一官爲質于是以指揮夏正往直與宗滿清溪来見宗憲好言慰之令繫按察司獄具以狀聞請顯戮直等正國法姑准義長等貢市永鎮海患或曲貸直等來克沿海戍卒用繫番夷心俾經營自贖御史本固關于事機力持未可而江南人詾詾言宗憲入直

酋妙等金銀數十萬爲求通市貸夷宗憲聞而大懼疏既遣追還之盡易其詞言直等寔海氛禍首罪在不赦今幸自來送死寔藉玄庇臣當督率兵將殄滅、所黨直等惟廟堂處分之時直等三人來[illegible]滶謝和在舟本國復言諸奸逆意叵測請嚴勅宗憲相機審處務令罪人盡得夷不爲變于是嚴旨責宗憲擒剿乃大集兵艦環夷舟守之夷挾貨無所售既索直等不出見兵船逼之益急乃揚言責中國渝約數出怨懟語移舟據舟山爲宗憲仍以好言撫之令盡縛送中國將與酋妙等爲市夷

已狎知誑之然冀倖萬一彼此以危言相支調云

工科給事中徐浦言浙直福建近因軍興經費不敷額外提編以濟一時之急比以奉行匪人因公倍斂民不堪命今事勢稍寧正宜培植休息別求生財之道而督撫胡宗憲阮鶚乃于加徵存留之外仍前提編節年所費漫無稽考前南京御史慎蒙奏止提編并請以軍門錢糧歲給差給事中清查及參原任吏部郎中呂希周指名和買侵官銀三萬餘兩欲嚴行追究事下戶部而尚書方鈍依違兩端蔓辭塞責旣欲以年終查盤責成巡按復

使其酌議提編可否具奏乞罷鈍以戒大臣之不忠若而正希周之罪并勅止軍門提編年終差給事中稽查如御史蒙言更乞嚴諭宗憲鶚事從撙節毋濫費以益民困章下戸部尚書方鈍覆言民所當恤倭情尤爲可慮設使地方無備一時倭患突至則其焚刼殺傷之慘將有甚于提編加派之苦者夫御史風紀之官剔弊釐奸乃其本職使其盡心所事必不至互相揜飾若恐其弗躬弗親轉委屬官則給事查盤亦不過憑據司府造報數目轉委司道等官檢討磨勘而已而況地方多事差

官適以擾民似不如就近責成于巡按御史之為
愈也且兵無定形勢難逆料人馬之虛實糧之增
減時勢之緩急皆非臣等所可遙議惟地方巡按
能目見而心計之故加派提編必聽御史斟酌具
奏乃可議處施行事體宜爾豈敢以蔓辭塞責哉
所云逮問呂希周及切責胡宗憲阮鶚宜如其議
疏入報可
巡按直隸御史尚維持言頃浙直倭患
陛下用臣議許總督軍門開納級之例亦一時權宜
計耳奈何土豪市儈逃軍罷吏向懼罪自匿者皆

得竊金騎人于白晝大都而軍前未見協濟之實充軍下減罪一等非兇惡不輕坐而亦令納銀自贖罷閑官若呂希周蔣孝輩不復知有名節久矣而亦令効用軍門恣其剝削得旨近因倭患暫許督撫等官便宜行事各官任意行私原發空頭劄付悉取回其冒濫朦朧給授者巡按御史悉追奪問罪充軍不准贖業有成命行何擅違其禁之罷閒官以贊畫爲名生事害民者悉令革回閒住

嘉靖三十七年

倭犯廣東潮洲之舵浦攻蓬州千戶所破之

先是三十五年倭寇自浙直敗還入海至琉球境
上中山王世子尚元遣兵邀擊盡殲之得中國被
虜人金坤等六名至是遣陪臣蔡廷會等入貢獻
還坤等因言遠夷窮島入貢之使須乘夏令遇南
風汛始得歸國乞如三十四年例聽于福建海口
每歲自行修　貢歸不候題請
上嘉其忠順許之仍賜勑獎諭賞銀五十兩彩幣四
襲獲功人馬必度及廷會等俱厚賜遣之
提督福建軍務右副都御史　鶚有罪詔錦衣衛
遣官校逮繫來京問昨歲倭犯福州洪塘南臺等

處鶚不能制則取布使庫銀數萬兩及改機紬數百疋金花千枝牙輸數乘賂之并遺以新造巨舟六艘俾載而去鶚彼誕貪縱原無應變略初以講學要取虛譽旣督學浙江諂奉趙文華胡宗憲文華遂奏設福建提督以鶚爲之鶚在閩不措一籌而極意以自豐殖諸所掩索加派動以千萬計其揮頓如泥沙所至惟帟盤盂率以綺繡金寶爲飾所部卒及所挾浙生林念皆怙勢作威虐掊尅姦淫甚爲閩人所苦而鶚歲時納厚賂嚴世蕃所以爲根盤計焉至是御史宋儀望千條陳疏中發其

劾給事中劉祐繼而劾奏之且指言其十罪
上覽疏大怒遂命械治之
新倭大至犯浙江台溫等府福清臨海象山等縣
及福建福州興化泉州福清沿海郡邑同時登岸
焚刦
總督浙直福建都御史胡宗憲以擊敗岑港海寇
聞詔降勑奬勵仍令尅期蕩平
巡按直隸御史馬斯臧劾上三十六年夏倭寇淮
揚各文武職官功次請録有功徐州兵備副使于
德昌潁州兵備副使盧岱揚州府知府石茂華指

揮伍維統等卹效事百戶劉魁許勇邵宗智王介
等會總督胡宗憲亦疏言江北之役將官則盧鏜
劉顯士兵則張空周官彭志顯按臣則馬斯臧張
九功邵惟中功並宜錄而斯臧督戰泗洲勞績尤
多章並下兵部覆鏜顯以陞秩餘當先敘督撫功
以此行賞
上命賞總督胡宗憲銀幣都御史高健王誥御史邵
惟中張九功銀各有差斯臧遇有京堂員缺推用
陞德昌二級茂華維統等各一級魁等各以效事
卹錄如例

倭千餘攻福建惠安縣知縣林咸寧　丁壯乘城禦之倭攻五晝夜不克丁壯並殺者數百倭亦頗有損失乃引去

倭入福建南安縣縱火焚樵樓及官民廨舍

福建惠安縣知縣林咸寧率兵攻倭于縣境之鴨山乘勝追奔陷賊伏中殺之

福建倭結艘自海口出港參將尹鳳督武舉陽承業等引舟師擊之衝沉賊艘斬首六十八級生擒七人餘舟敗遁鳳等追至東洛外洋及七礁白犬棕衣大洋等處斬首百有餘級生擒十有六人鋭

傷及溺水死者甚衆福興倭患由是少熄
贈故台州府知事武暐爲太僕寺寺丞廕其子尚
賓爲國子生暐溧水人三十一年倭既破黄岩縣
由臨海釣魚嶺趨府暐率民兵伏於嶺下待之賊
至射殺二人賊驚引旋暐督所部卒追釣魚嶺力
戰而死至是尚賓上疏自言下所司覈實乃有是
命
提督福建軍務右副都御史　鶚被逮至京法司
讞上其獄詔黜爲民初給事中劉祐數鶚十罪
上命錦衣衛發卒械送至京師拷問鶚至陰使人厚

遣大學士嚴嵩嵩爲之請於刑部尚書鄭曉曉不能堅執乃奏鵬功多且無顯過獨擅增兵餉失百姓心故怨謗從之而起宜薄其罪

上怒稍解于是罷鵬爲民

江西倭寇分掠樂清永嘉等縣金盤衛指揮劉茂朱廷鑰千戶周賔季爵列源等率衆禦之于白塘港兵敗俱死賊遂肆掠管頭蒲州等處鄉官致事僉事王德督所集義兵哨勦至龍灣見殺總督胡宗憲以聞因請治溫處參將張鈇兵備副使袁祖庚各失事罪而恤錄德等有旨德贈太僕寺少卿

立祠賜祭廕一子原籍衛所百戶世襲陞其子二
級鉄革職級戴罪立功祖庚降一級别用
倭寇介犯福建興漳泉諸府攻福清南安二縣破
之巡按御史樊獻科以聞
上命促巡撫王詢赴任集兵勦平革參將黎鵬舉等
職充爲事官奪守巡官參政萬衣副使邵楩等俸
俱戴罪殺賊下福清知縣葉宗文南安知縣涂光
裕于御史問
以浙江岑港海寇未平詔奪總兵俞大猷參將戚
繼光把總劉英職級期一月內蕩平如過限無功

各逮繫至京問併奪兵備副使陳元珂曹金俸命
侍郎胡宗憲督之勦賊若失事者連坐初宗憲遣
還毛海峯誘降王直及直至下獄海峯遂統與倭
目舍吾妙等列柵舟上阻岑港而守官軍四面圍之
雖頗有斬獲然海中數苦毒霧賊憑高死鬬我兵
莫利先登多陷沒者是時新倭大至朝議慮其先
後合艘爲害將大屢丁嚴旨責宗憲督諸將及時
平賊宗憲懼得罪乃上疏侈言水陸戰功謂賊雖
未殄滅兵决可期月而待于是科部臣極言其欺
誕并劾失事諸臣乃有是命

初
上從給事中徐浦議九卿科道及督撫諸臣各舉將
材干是原任侍郎郭宗皐都御史曹邦輔吳嶽王
紳祭酒鄒守益脩撰羅洪先御史吳梯方准主事
唐樞參政周大禮曹亨參議劉志知府黃華在舉
中吏部因以爲併覆起用詔查各官去任之故以
聞御史羅廷唯奏曰臣聞爲政莫先于人才而人
才莫要于器使故簡用得人而後付託有効臣觀
徐浦之疏以邊材爲急耳而諸所薦乃有不盡然
者據其所舉文臣不曰兵藏萬甲則曰籌决千里

所謂武臣不曰身經百戰則曰雄當萬夫是十劉
基百徐達僉生于一時矣何遺才如此多也況其
間又有以清脩苦節實學醇資舉者即他日復起
必不署之戎馬縱横之塲而高談于環珮雍容之
地其去言官初議失之遠矣甚或鑽刺方行而此
舉適有以投其機罪過已深而此舉返得以藉口
其遷延日久而此舉復有以招其來是因明詔以
開倖門有志之士方且羞與爲伍
陛下且安得而用之臣嘗謂才如司馬遷保李陵知
兵矣居延一敗而遷變腐刑忠如諸葛亮舉馬謖

知兵矣街亭一敗而亮落相職古人愼重兵事立法如此其嚴故事鮮敗績今被薦者不自絜其才之短長薦人者不復甚其事之成敗則人孰不懷僥倖之心乎卽如邇日兩廣總兵黑孟陽以斬虜報功已而御史龔愷乃劾其濫殺百姓福建巡撫阮鶚以部兵受部薦矣而御史宋儀望乃劾其不諳一籌然業已舉之者不肯任其非而劾之者竟無所庸其力此含糊隱忍之習成而名寔之淆邊方之懷綏未如之何也已君謂人才難得姑且試焉則兵者危事以庸才試危譬以盲醫療痼疾所

傷益多此臣所以重爲國家用人惜也乞勑部院科道即將所舉邊材更加詳覈果有謀略出衆素閑軍旅者即疏名定擬某堪任某邊某堪授某職限以歲時責以成效不得借假虛名規求舍地其人品雖正而兵事非其所長才幹若優而操履未能粹白俱宜停寢以候別補則朝廷得真才之用而邊境無僨事之虞矣疏入

上嘉納其言諭吏部曰朝廷薦舉邊材專備急用各官乃市恩濫舉何有以人事君之忠其會同都察院從實看議于是尚書吳鵬等左都御史周延等

覆言諸臣皆以才望爲衆所推獨鄒守益等未嘗親履戎行方准等例不叙用故廷唯疑其徇薦耳然薦者與被薦者皆出公論未嘗敢私

上不悅乃切責鵬等薦舉泛濫題覆依違之罪而宥之所薦諸臣亦不用

巡撫福建僉都御史王詢言福建自被兵以來設參將二員一哨于海一防于陸然水陸之任分而利害異南北之勢懸而首尾分各無信地互相觀望臣按閩中之勢福寧北路之要害也寇自台温來者必犯之詔安南路之要害也寇自廣潮來者

必杞之誠得專將分守兼轄水陸賊雖狡悍豈能越境請福建福興爲一路領以參將黎鵬舉駐福寧水防自流江烽火門俞山小埕以至南日山漳泉爲一路領以參將王麟駐詔安水防自南日山至浯嶼銅山玄鍾走馬溪安邊館凡水陸兵及諸衛所官軍有司團練民兵皆聽節制又福建省城介在南北而去海不過五十里宜有重兵請更設參將一人以署都指揮僉事曾濟克之部領哨船選募精銳五百人往來閩安鎮東福清平海之間與主客兵互相應援其本省原調廣西向武州土

兵日久思歸宜從其便而于湖廣桑植麻寮二土
司各調兵二千人代之兵部覆奏報可
浙江岑港倭徙巢柯梅總督侍郎胡宗憲屢督兵
討之不能克于是南京御史李瑚追劾宗憲私誘
王直啓釁巡按浙江御史王本固南京給事中劉
堯誨亦劾其老師縱寇濫叨功賞詔行追奪堯誨
又言前淮安之變知府石茂華劉崇文等嬰城自
保顧得援軍之力却賊冒賞御史馬斯臧僞增功
次亦當併治兵部覆請切責宗憲而令查盤科道
羅嘉賓龐尚鵬并勘斯臧等事

上曰宗憲軍務重寄否宜去與留其令在廷集議毋
黨護依違斯臧等本兵旣據勘議賞矣如何又勘
其并議上于是成國公朱希忠等吏部尚書吳鵬
等議言宗憲功多當切責留用如部議斯臧等事
已前決當置勿問如
上旨
上手答曰妖逆賊直罪浮賊當本宗憲用計誘獲人
皆知者小人嫉功會彼上奏玄瑞遂爾有言朕覽
諸疏付之丞弼議擬用存公論耳亦不分是非不
明功罪宗憲其仍舊用心平賊以副簡眷未幾宗

憲自辯曰王直爲東南大患節經題　兵部題奉
欽依先有購求之文後有詐降之議臣仰承廟算
不惜身家而百計以圖之兹幸擒獲言者乃誣臣
爲私誘臣爲專擅又以今繼來之寇謂由臣擒直
啓釁致之是將嫁無窮之禍于任事者之身推原
其意豈欲人人皆畏首尾不敢一奮然擔當國事
然後爲可耶昔歲臣任巡按時徐海陳東麻葉之
徒已盤據松江結巢柘林攻城破邑者四年矣彼
皆王直黨也果何人招致何人啓釁乎則直得譎
善戰久雄海上昔年以孤舟任泊列表總兵俞大

猷時爲叅將以福船五十艘攻圍數月竟爾逸去以此觀之此酋非可以力勝非可以常視也方直跳浪海洋中外驚詫以爲猛虎毒蛇不啻丘富臣苦心積慮幸而獲之乃言者復以么麽視之夫直誠么麽與海上事無輕重也不足爲臣功也巳矣而又安得爲臣大罪耶臣力竭智殫怨多毀集願畢力以除舟山餘孽退伏斧鉞唯

聖明裁察

上復報曰卿計獲妖賊人所皆曉特以獻瑞故人不敢直指引軍事以害卿耳卿宜竭誠展布以平餘

氣不允辭

命兵部署郎中唐順之往浙江視師與宗憲協謀剿賊

以倭寇犯溫台命革把總金盤指揮梅魁任同把總松海指揮任錦付御史逮問

改定儀真守備信地以新港至瓜儀六合隸之江防以天長南及江都高郵隸之陸防仍聽狼山副總兵節制先是嘉靖十九年分江南北備倭信地江南專屬金山都司江北盡屬儀真守備旣而以地方多故復于東海大河口周家橋設把總摠港

改守備鹽城增叅將各有信地矣而儀真守備猶遙制之體統不便于是廵撫都御史李遂以爲言乃有命也

浙江柯梅倭駕船出海總兵俞大猷等自沈家門引舟師橫擊之沉其末艘稍有斬獲各賊舟趍洋南去由是福興湖廣間紛紛以倭警聞矣

倭攻福清縣破之執知縣葉宗文刼庫獄殺虜男婦千餘人縱火焚官民廨舍舉人陳見率家僮禦賊不克與儒學訓導鄔中涵同被執罵賊而死

廵按浙江御史王本固劾上去年四月中倭寇分

犯樂清縣之竹嶼瑞安縣之梅頭臨海縣之柵浦
台州府知府譚綸同知毛德京參將戚繼光等均
屬失事弟綸與德京引兵出戰頗有斬獲繼光等
以道阻失援畏縮之罪當千劉世爵等兵部覆奏
得旨德京唯贖綸勿問繼光等令策勵供職世爵
等下御史問
更命遼東苑馬寺卿住扎金州給放各島商船不
得抽稅從都御史王忬及御史周斯盛疏通海禁
議也
浙江海道副使曾金以病濕不習南方水土總督

侍郎胡宗憲爲之代請改調

上以金托疾避難令褫職閑住陞台州知府譚綸代之

嘉靖三十八年

廣東原屯黃岡倭流刦海陽饒平潮陽惠平等縣

初浙江溫州永嘉良醫王沛招集鄉兵屢有斬獲倭夷功及戰梅嶺失利死之總督右都御史胡宗憲以聞詔贈沛太僕寺寺丞立祠祭祀仍廕其子爲國子生

總督浙直福建右都御史胡宗憲以倭患未弭春汛伊邇請募山東民兵選委謀勇將官督駐蘇松

常鎮防守兵部議覆從之
廣東倭流突福建詔安官兵禦之賊引衆犯漳浦
倭冦浙西自象山縣何家磯金井等處焚舟登岸
海道副使譚綸引兵與賊戰于馬岡敗之斬首七
十七級
鳳陽巡撫都御史李遂等言淮揚鳳泗東南重地
武備久弛邇者倭夷突入乃暫留京操春班官軍
以爲防禦但兵非恒役必無固志將非專設難責
成功乞定議存留班軍專敕副留守及協同僉書
官分領操練防護

陵寢兵部言鳳陽八衛官軍輪班歇操原係舊制若將春班者常川留守則秋班者每歲京操事體有礙宜將
皇陵衛官軍編立甲伍令副留守備中官時加操演專一防護
陵寢毋許別調其協同僉書官則以春秋二班軍番休者付統領與同城操濕警候軍門調遣報可
總督浙直福建都御史胡宗憲言舟山殘孽移住柯梅即焚其巢夜徙方已窮蹙小船浮海勢易成勦而總兵俞大猷參將黎鵬舉防禦不早邀擊不

力縱之南奔播害閩廣失機殃民宜加重治
上命巡按御史逮繫大猷鵬舉來京訊治柯梅倭之
出海宗憲實陰縱之故不督諸將要擊及倭既出
舟山即駕帆南泛泊于浯嶼焚掠居民由是福建
人大譟謂宗憲嫁禍南道御史李瑚遂劾叅宗憲
數其三大罪瑚與大猷皆福人宗憲疑大猷漏言
于瑚故諉罪大猷以自掩飾如此
錄三十四年王江涇乍浦杭州北關等處斬獲倭
寇功陞授武生家兵趙凱等七人有差
倭犯江南崇明縣泊舟三沙地方登岸燒刼

陞副總兵盧鏜署都督僉事充總兵官鎮守浙直
倭船數百艘掠江北揚州海門
先是倭寇二十餘人突犯饒平海豐攻破黃岡城
巡撫南贛都御史范欽等請責成兩廣軍門移駐
惠潮近地調兵勦禦事議掣仍留謀勇將官一人
領兵戍守兵部言兩廣苗情反側又兼山寇出沒
均宜周防請命提督兩廣侍郎王鈁總兵曹松遴
委才將糧練土兵三千馳赴勦賊并戍守要害儻
勢重大徑自移鎮惠潮從之
福建倭寇大至且多賫攻具先攻福寧州城經旬

不克乃移攻福安縣破之其沿海諸邑若長樂福清等境悉有倭舟是時廣東流倭往來詔安漳浦間浙江前歲舟山倭移舟南來者尚屯浯嶼加之新寇徧福漳泉諸府無地非倭矣

總督浙直福建都御史胡宗憲奏凡解赴軍門支用錢糧一一關白巡按恐誤軍機宜加勅諭聽臣督同守巡管理支用藉其出入送巡按稽查便下戶部議調度兵馬經畫糧餉總督之任而查盤倉庫稽考姦弊則責在巡按但時有緩急事有經權今後如遇巡按在近地方無事仍照欽依事理掛

號呈詳如巡按出巡隔遠軍情緊急應起解者先行起解應動支者先行動支仍具數開呈巡按俟季終聽其委官清查報可

江北倭越通州總兵鄧城遣兵禦之敗績指揮張谷歿之倭進據白蒲鎮

巡按福建御史樊獻科劾上三十七年倭犯福建文武諸臣功罪言倭相繼入寇流刼惠安同安長樂漳泉之境陷福清南安二縣巡撫都御史王詢督兵追勦殲賊于海口在漳泉者隨亦創殘而遁總督胡宗憲巡撫王詢原任署都指揮僉事王夢

麒武舉楊承業功當首論原任署都指揮僉事來
熈會清指揮計文韜千戶李常春等當並叙革職
叅將王麟尹鳳指揮張僑停俸叅政萬衣叅議顧
翀副使卲梗僉事盛唐舒春芳王時槐功可准罪
僉事知縣林咸巡撿汪詔等宜賜贈廕訓導鄔中
涵等應加優䘏及總兵李御朱琼等俱宜分別犒
賞其福清知縣葉文南安知縣涂光裕各失城守
罪重懲朱激指揮等五十七人竝當按問
上命賜宗憲詢各銀四十兩紵絲二表裏夢麟准復
原職承業陞二級熈清各陞一級文韜等給賞麒

等令復職衣等俱開俸准贖宗文光裕法司擬罪具奏餘悉如擬已法司當宗文謫戍邊衛光裕以該縣無城得末減降邊方雜職

北洋有倭二十餘艘副總兵盧鏜引兵出哨遇之倭舟泊三爿沙我兵急攻之斬首一百二十三級生擒一人倭斂入三沙不出

福建新倭自福寧州連江羅源等處流刼集于懷安閩縣各鄉鎮遂合衆攻福州府城不克環而守之是日參將黎鵬舉以舟師擊倭于海中七星山屛風嶼斬首六十七級生擒六十八人

詔發倭僧清授于四川寺院安置初清授隨侍郎楊宜所遣鄭舜功至寧波未幾總督胡宗憲生員蔣洲復以僧德陽至俱上書求貢市朝議未允令量賞遣歸未行間而王直就擒岑港所泊諸夷遂結艘拒我師焚德陽舟山所居道隆觀合勢開洋去清授原不與諸舟同來又居定海七塔寺亦不索之至是尚羈留未遣宗憲疏言倭情已可見清授不必遣還然留之浙西非宜請用洪武年間故事發四川各寺安插兵部議覆從之

初兵部郎中唐順之奉詔協贊浙直兵務至是總

督侍郎胡宗憲薦其有文武才第權輕不足展布宜超格用之時順之已權大僕寺少卿矣以宗憲言乃復陞通政使司右通政命仍與宗憲共事

先是江北海道副使劉景韶以遊擊丘陞等兵擊原駐白蒲倭一戰于丁堰再戰于如皐東三戰于海安皆捷共斬首百餘級至是賊大聚其衆謀西犯揚州景韶復督陞等兵擊敗之斬首八十級焚殺一百七十九人賊奔潘家莊景韶督諸兵盡銳攻之斬首一百二十八級初自南沙登岸犯州之倭至是勦絕

廟灣倭合衆來攻淮安巡撫李遂督參將曹克新禦之大戰于姚家蕩自寅至申賊大敗斬首四百七十八級賊遁入姚莊我兵縱火焚莊賊死者二百七十餘人賊奔陳莊我兵復追斬七十四級賊以餘衆追保廟灣

海道副使劉景韶督兵擊倭于印莊斬首四十五級賊西走次日復戰新洲斬首七十八級賊奔新河口遁入民莊我兵以火攻之復斬首二百十六級賊悉焚死無一人得脫者是時江北流刼之倭悉殄唯廟灣大夥據險固守不出我兵水陸環其

四面攻之

巡撫鳳陽都御史李遂言倭寇前結艅揚帆直入楊樹灣登岸焚刼次日徑犯狼山泊蘆瀟港遂過通州海門至白蒲焚燒廬舍刼掠民財副總兵鄧城募造兵船戰具無不完備足堪防勦乃驕翫遲疑致賊猖獗乞正其罪得旨城怯懦縱寇法當逮治姑革去職級克爲事官領兵殺賊事寧奏處李遂嚴督將士戮力勦平毋得怠視巳巡按直隸御史江北李廷龍等復言鄧城翫寇殃民及參將朱仁指揮丁爲谷等俱屬有罪

上命按臣械城并仁爲谷俱至京鞫治
詔留兩淮運司庫貯挑河銀二萬鹽課銀二萬兩
于鳳陽軍門支用從巡撫都御史李遂請也
總督浙直福建軍務都御史胡宗憲奏留兩浙鹽
課銀十萬兩以備事與下戶部議浙直鹽課歲額
及十萬若復扣留則國課將　盡歸軍門矣且浙
江布政司改折南京倉糧數內再留三萬兩及將
運司見徵逋負一萬三千餘兩扣用如再不足聽
于該省贓罰等括用得旨准動支運司見在餘鹽
銀四萬兩急濟軍餉仍將改折南糧併鹽課逋負

者照數徵完補還餘塩解部

先是舟山倭遁至舊浯結劇賊洪澤珍等據泊海山水陸分擾巡撫福建都御史王詢舉兵擊敗之以捷聞且言原任參將充爲事官王麟黎鵬舉把總指揮魏宗瀚等緣事署都指揮僉事王夢麒逐勦有功乞命麟宗瀚等戴罪殺賊夢麒付兵部紀錄推用從之

總督浙直福建都御史胡宗憲及巡按御史周斯盛以倭犯寧紹台溫馳報下兵部覆言自倭患以來廷議增設總督總兵等官其于選將練兵徵調

轉餉諸凡經略之規蓋詳且盡矣而竟未收全效如往歲舟山之賊逐勦幾盡將謂無遺孽矣而春汛一臨羣然四集今各路登岸及在洋先後至者無慮數萬豈盡皆島夷哉是沿海頑民互相搆結或盤據近地或潛泊海洋方其熾亂則謂之來及其少熄遂謂之去乘其少挫便謂之捷幸其他往因謂之安耳如此不已恐徵調日繁催科日擾恐致他變乞勅宗憲等仰思重寄大畫遠猷嚴督水陸官軍刻期勦絕毋徒狃目前之急而必潛消意外之虞可也

上然之

江北兵攻倭于廟灣斬首四十餘級我兵死傷亦多賊復斂衆固守巡撫李遂以數戰兵疲宜圍困之賊日久無食且水陸斷其行道可收全勝唐順之以爲翫寇乃自擐甲持矛麾兵以進屢挑戰賊終不出遂督兵入險賊奮銳東西衝我兵死傷甚衆順之自知失計以爲賊未可卒破乃駕言經略三沙倭南去

總督漕運都御史傅頤等言淮揚之間倭寇方熾塩場運道俱當防護高郵重地未設戍兵適總督

胡宗憲所募山東人二千五百人由淮赴浙乞暫
留爲備倭寇息遣之報可
倭圍福建福州府城且一月至是始解悉將輜重
登舟環泊橋園洲等處
巡撫鳳陽都御史李遂以四月以來禦倭節次來
報謂諸將奮力首戰于白蒲繼截于姜堰則已奪
氣臣策其必奔廟灣遂令諸將星馳淮上適山東
兵至乃分布犄角屢致克捷先後斬獲眞從倭賊
首級八百一十八顆生擒一十六名自倭患以來
未有若此之大捷也

上聞而悦之曰李遂督兵臨陣斬獲數多勞績可嘉
先賜勑奬勵有功人員行按臣覈實議賞
福建倭攻永福縣破之
福建浯嶼倭始開洋去此前舟山寇隨王直至岑
港者也屯浯嶼且經年至是乃遯其毛海峯者復
移衆南嶴建屋而居
崇明縣三爿沙倭賊合艅艎至官軍出海邀擊斬
首一百餘顆總督侍郎胡宗憲等以捷聞詔賜宗
憲并視軍情右通政唐順之各銀三十兩紵絲二
表裏巡撫應天都御史陳錠二十兩一表裏餘獲

功人員行巡按御史聶賢具奏
廟灣倭被圍日久我兵水陸迭攻百計挑戰賊終不出副使劉景韶乃督率塡壕塹夷樹木嚴兵逼壘而陣賊終不出乃令水兵載葦焚其舟賊爭救舟我兵乃撤其所營西街牆屋賊撮營東街致死敵禦殺傷甚衆其壘益固于是景韶約二十四日水陸進擊是日夜雨倭乃潛遁入舟我兵進據其巢追奔至鰕子港頗有斬獲餘倭無幾不復能戰乘風開洋而去于是江北倭寇盡平
福建永福等倭駕舟開梅花洋叅將尹鳳備倭指

揮張僑等以舟師分綜擊之斬首一百七級生擒

九人

福建出洋各倭復回舟泊澚頭

福建倭自梅花洋開船遁參將尹鳳以水兵追擊

于横山斬首一百二十餘級生擒三十二名

原屯三沙倭賊突犯江北由海門縣七星港登岸

先是巡按浙江御史王本固南京御史李瑚各參

劾總督浙直都御史胡宗憲岑港養寇溫台失事

掩敗飾非之罪詔下查盤科道官羅佳賓龐尚鵬

從實覈報至是佳賓等奏覆岑港倭凡五百餘人

于三十六年十一月隨王直至求市易及王直被
擒見官兵侵逼燒船上山據險屯駐至三十七年
七月間攜帶桐油釘鐵移駐柯梅造舟至十一月
舟成于十三日開洋去訖今泊福建浯嶼其温州
二十七年之寇則自三月間至流劫樂清瑞安永
嘉平陽等處境府城及瑞安樂福二縣盤石寧村
等所皆被圍逾月殺指揮劉茂朱廷鎬千戸周賓
百戸劉源李爵秦杭鄉官僉事王德醫官王崇大
等至六月初由飛雲港等處開洋而遯其台州之
寇亦同三月間由松門澶湖登岸流突臨海黄岩

太平仙居寧海天台等境且徧府城太平縣各城數被攻圍觀海衛百戶陳椿太平縣典史蔡宗皆死于賊至五月十九日第現大青開洋而去天台有遺倭潛突仙居臨海知府譚綸督兵夫逐捕至六月初六日擒斬盡絶巳上岑港溫台失事大都如此至于文武諸臣功罪如參將戚繼光勦賊無功通番有迹參將張四維不能邀截縱寇復逞把總劉英遺賊酒米信地失防所當重治原任參將張鉄寧村失守全軍覆沒把總梅魁遇賊先逃喪師罔衂千戶朱光透漏軍機按兵縱寇千戶王世

臣朱諫聞警委城臨敵撤防指揮劉大有胡震李
苛等千戶張輔等百戶高世英等忘功保身望風
奔潰以上諸臣均當重究副使袁祖庚曹金等機
宜乖審制禦全疎但已經革任似應免究兵備副
使陳元珂擁兵自衛防守不嚴所當降調先任海
道副使今陞巡撫王詢綜理雖乏先事之防而失
事則在離任之後似應寬處至若總督浙直福建
都御史胡宗憲柔倭愉人姦邪巨蠹欺
君誤國養寇殘民今賊移駐柯梅自焚舟厰全浙所
共知也乃稱官兵攻勦而妄行奏報欲飾其玩寇

之慾溫台極被創殘荼毒官民人心所共傷也乃稱斬獲數多而更以捷聞求掩其殃民之罪擁勁兵自衛惡聞警報之宵傳罪將領以文奸專冀本兵之內召廉恥掃地沉湎喪心捧觴拜舞于軍前而伏地懽呼讚趙文華爲島夷之帝攜妓酣飲于堂上而迎客宴洽視總督府爲雜劇之場萬金投款權門而醉發狂言畢露其彌縫之巧千里追回章疏而旋更情節曲致其欺罔之私納賄弄權出奸獄之巨奸若監賊朱奉等權倖將領專管給納縱滑稽之武弁若指揮陳光祖富擬陶朱貪黷因

仍征輸繁急喜通透夷情爲得策啓軍門倭主之
謠指扣侵邊餉爲常規有總督銀山之號招藝流
而厚加豢養盈遲皆狗鼠之雄假贊畫而陰爲利
謀入幕悉衣冠之盜蔑視法典混亂官常此一臣
者宜置之重辟以彰天討之公用洩人心之憤者
也疏下兵部議覆得旨繼光四維革任仍同鈇魁
等下按臣逮問祖庚等免究元珂降調宗憲詢策
勵供職
江北七星港倭流刼過金沙西亭將犯楊州海道
副使劉景韶督參將丘陞等兵併力禦之戰于鄧

家庄斬首六十九級賊敗走仲家園我兵縱火急
攻斬首二百八十餘級賊宵遯
江北諸軍追倭至鍋團叅將丘陞馬蹶被殺已而
我兵大至賊惧奔十灶陞山西驍將今歲江北之
捷率陞爲軍鋒紐于屢勝輕敵致敗諸軍無不惜
之
江北倭自鄧莊敗後沿海覓舟不得我兵自後急
擊及于小海團劉家橋白駒沙等處各有斬獲賊
勞餒困頓會雨乃奔入劉家莊就食我兵四面圍
之値總督胡宗憲遣江南副總兵劉顯以銳卒千

餘來援江北將士謂功在垂成慮爲顯所攘嘖嘖
有言都御史李遂恐士衆不和乃檄江北諸將兵
盡屬之顯軍政既一遂剋期進兵顯率所部先登
各營選鋒繼大衝擊自辰至酉賊巢始破共斬首
二百一十四級賊奔白駒場我兵追擊又敗之于
七灶及茅花墩共斬首四百餘級賊衆盡殄
鳳陽撫按李遂陳志各上言三沙之賊自蹈死地
久困之餘成擒無難而總兵盧鏜師死財費乃與
陰相締結資以舟粮令往江北地方禍延隣境其
餘將領若副總兵劉顯曹克新把揔邵應魁守備

盧相等均屬有罪乞賜重治
上命革盧鏜職戴罪任事賂寇事撫按官查奏應魁
相褫職按臣逮問顯等令住俸殺賊
九月巳巳朔陞閲視直軍情通政使司右通政唐
順之爲都察院右僉都御史巡撫鳳陽
兵部覆巡撫鳳陽都御史李遂奏勦平倭寇諸臣
功次言本年江北倭前後四起一自楊樹港撇港
盧潭港登岸一自周灶港登岸俱并爲一夥約三
千餘人自白蒲挫敗由沿海流至姚家蕩追殺殆
盡其殘孽四百餘又在茴灣節次殺傷死亡過半

所餘不及三百乘雨逃遯一自廖角嘴山港登岸
約三四百人至曹家堡潘家庄勦殺盡絶一自清
港登岸約六百餘人至新河口亦勦殺盡絶以四
月初一日聞警至五月三十三日蕩平僅止五旬
上深嘉諸臣功詔蔭遂一子入監讀書仍賞銀四十
兩紵絲三表裏副使劉景韶總督胡宗憲右通政
唐順之各三十兩二表裏景韶仍陞三級漕運都
御史傅頤二十兩御史陳志李廷龍各十五兩操
江都御史傅鎮南京兵部尚書張鏊等六人各十
兩參將馮陽輝僉事王遴等十人各五兩遊擊丘

陞武生陳忠各陞二級參將曹廷新等各陞一級
僉事王元恭革職閒住指揮彭汝康分別査賞把
總張大義等撫按臣逮問
總督浙直福建胡宗憲巡撫王詢等言今歲倭寇
始犯泉州焚掠同安惠安等縣繼至福州攻毀福
清永安等城既而延蔓于興化突走于漳州分投
流刼民受荼毒令督率將領統領水陸官兵擒斬
過一千五百六十有奇即今內地稍寧蕩平有日
因上諸臣功兵部以聞詔賞宗憲詢各銀三十兩
紵絲二表裏詢仍陞三品服俸參將尹鳳十五兩

參議顧沖十兩署著都指揮王麟知府熊汝達等各
五兩署都指揮孫敖等行軍門犒賞
廕陣亡温州府同知贈右參議黃釗子黃文燁爲
國子生
提督兩廣侍郎王鈁言倭賊水陸登犯攻圍城邑
官兵與戰前後擒斬一百七十三名顆奪回被虜
男婦稱是余黨悉遯一時獲功失事諸臣請分別
賞罰兵部覆從得旨賞鈁及豐潤伯曹松各銀三
十兩紵絲二表裏知縣林叢槐十兩海道副使林
懋等准贖右參議田楊奪俸二月知縣李奇俊等

免究署都指揮孫敖等付按臣逮問
陞浙江按察司副使劉景韶爲按察使仍管淮楊
海防叙錄平寇功也
江西撫按官何迁等言閩浙徵調廣兵千總劉鳳
杜朝用縱兵焚刼督押守備伯永福等黨比需索
請加重治以杜後患
上命按臣逮鳳朝用赴京其永福并土夷頭目等付
各按臣逮問
總督胡宗憲等言崇明三沙倭賊流突江北參將
丘陞身經百戰屢立奇功臨難奮勇竟隕鋒鏑若

槩從陣亡之科寔有未盡之論請厚加恤典以慰
忠魂僉事熊桴前罪當懲後功足贖請宥其罪又
言今後死事之臣以有功又能死事爲一等雖無
功而能忠于所事者次之勤無可録而適不幸者
又次之其或失機僨事身雖故仍有顯奪請定列
死事之條立爲輕重畫一之法兵部議覆
上從其言丘陞比照宗禮事例贈都督同知廕一子
指揮僉事世襲其餘戰功後查明于祖職上承襲
立祠死所歲時致祭貸其桴不究
福建[illegible]按官王詢等言黃崎漳港等倭突攻福清

長樂逼近會城七住洪塘南臺等地而中路遊擊叅將曾清束手無謀分守漳泉叅將王麟受財齊港備倭張橋建節等防禦無功指揮魏宗瀚陳孔誠等貪貨致冦海道副使邵楩調度失策均宜重治詔革清麟任并橋宗瀚等付按臣逮問楩奪俸

三月

蘇州自海冦興招集武勇諸市井惡少咸奮臂羣聚數十人號爲打行紮火囤誆詐剽刼吳會歲侵各郡邑時有攘竊應天巡撫翁大立旣蒞任則嚴禁之訪得紮火囤諸惡少名檄府縣捕治督責甚

急及十月大立携挐來蘇州駐劄諸惡益懼則相與歃血以白布抹額各持長刀巨斧夜攻吳縣長洲及蘇州衛獄刼囚自隨鼓譟攻都察院劈門入之大立率其妻子踰墻遯去諸惡乃縱火焚衙廨大立所奉勅諭符驗及令字旗牌一時俱燬諸惡復引衆欲刦府治知府王道行督兵勇却之將曙諸惡乃衝葑門斬關而出逃入太湖中官司遣兵四散捜捕獲從周[redacted]等十餘人事聞

上命大立戴罪嚴督剋期捕滅以靖地方知府王道行等知縣栁東伯等住俸勒限捕賊指揮朱文正

等付按臣逮問
查勘倭情給事中羅嘉賓等條上海防四事一定
督撫駐劄謂總督之權關係甚大必所處適中乃
可想機調度請今後總督官如值風訊或移寧台
或移嘉湖迷心區畫務收戰勝攻取之策專泥汛
地各該將領平時各照所管關隘加謹防守若遇
賊勢重大攻刼城池不論遠近星馳赴援如執信
地爲詞不行策者論罪一修要害備所沿海舊有
關隘各設衛所誠遼險扼吭之今兵紀漸廢請行
督撫兵巡等官備查等官備查各衛所隸關港幾

處原設兵船火器若干責其把守防禦務臻實效
一重臨海府分浙東寧台溫三府實居海衝一遇
風汛首被其害然寧溫猶有海道總兵兵備叅將
而台州一府未嘗設官總理請行軍門箚令分巡
僉事駐箚台州後有銓授將駐箚地方分管道分
塡駐文憑以示責成部覆報可
總督浙直右都御史胡宗憲言團練鄉兵實爲減
華客兵之漸而有司視之虚文終鮮實效惟杭州
府知府陳柯同知唐尭臣通判王時拱知縣李成
式等率勵生員周綺練兵有成請錄以示勸詔賜

柯堯臣各銀二十兩時拱承式各十五兩吏部遇
缺推用綺等行軍門重加犒賞
總督浙直都御史胡宗憲讞上王直葉宗滿王汝
賢等獄謂直等勾引倭夷肆行攻劫東南騷擾海
宇振動臣等用間遣諜始能誘獲乞將直明正典
刑以懲于後宗滿汝賢雖罪在不赦然往復歸順
曾立戰功姑貸一死以開來者自新之路事下兵
部會同三法司覆議三犯俱不可原仍將妻子財
產沒入應盡法律
上曰直背華勾夷罪逆深重命就彼梟示宗滿汝賢

旣稱歸順報效姑待以不死發邊衛永遠充軍餘
如擬
操江都御史傅鎮言留都根本重地春汛伊邇倭
情叵測沿江上下不可不嚴爲之備而南兵柔脆
不堪攻戰又官多暫委無將領以專統攝且應用
錢粮未經預處請叅設遊兵司總統領沙兵原任
都司王銳千戶王策韓天祥可允其任各該撫臣
歲計軍餉乏時各處銀一萬兩以備供餉兵部議
覆從之
贈故蘇松兵備左叅政任環爲光祿寺卿命有司

建祠蘇州以時致祭仍廕一子為原籍衛所副千戶環山西長治人嘉靖二十三年進士知滑縣陞蘇州府同知倭寇犯境環身率士卒感以忠義屢擊賊敗之前後俘斬甚衆以功陞僉事加副使右參政俱仍舊任環志欲平倭衣服皆自識其名誓必死賊賊猝犯蘇諸城門皆閉郊關民避寇者不得入繞城號泣環按劍洞開諸門令活以數萬計蘇人得之後以母喪守制遂不起至是吏科給事中徐師曾請贈官秩祀以報其功故有是命

巡按福建御史樊獻科言近歲軍興募集武勇四

方無賴子弟每以投兵報效爲名所至騷擾今廣浙閩俱有海警宜以三省兵應調募悉遣還原籍收爲鄉兵即以待客兵者養贍不惟客兵免遠調之勞而各地方且獲鄉兵之利計無便于此矣得

旨允

巡按浙江御史凌儒奏浙東瀆長淳等八塲灶丁近遭倭患焚蕩殺擄傷殘已極乞動支軍司沙地銀五百七十二兩在倉稻穀七千六百七十餘乞量行賑恤戶部覆報可

巡按福建御史樊獻科查勘倭寇犯海口等處參

論諸臣功罪詔指揮劉繼良等戴罪殺賊把總望
鏊等各賞銀十兩叅将尹鳳等准贖罪指揮王海
等付按臣逮問

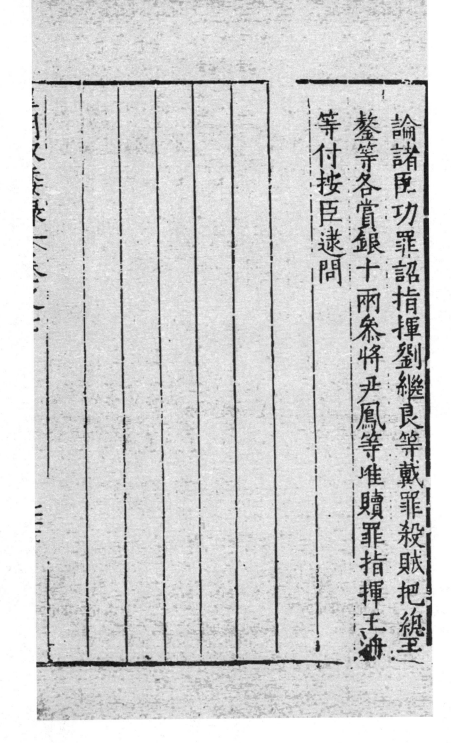

附全四册目録